Unmöglichkeiten sind die schönsten Möglichkeiten

Bibliografische Information der Deutschen Nationalbibliothek
Die Deutsche Nationalbibliothek verzeichnet diese Publikation in der
Deutschen Nationalbibliografie; detaillierte bibliografische Daten
sind im Internet über http://dnb.d-nb.de abrufbar.

www.residenzverlag.at

5. Auflage 2016

© 2003 Residenz Verlag
im Niederösterreichischen Pressehaus
Druck- und Verlagsgesellschaft mbH
St. Pölten – Salzburg

Alle Rechte, insbesondere das des auszugsweisen Abdrucks
und das der fotomechanischen Wiedergabe, vorbehalten.

Umschlaggestaltung: undercover®
Umschlagfoto: Peter Schramek/Musikverein Wien
Grafische Gestaltung/Satz: Franz Hanns
Gesamtherstellung: CPI books GmbH, Leck

ISBN 978 3 7017 1345 5

# Unmöglichkeiten sind die schönsten Möglichkeiten

**Die Sprachbilderwelt des Nikolaus Harnoncourt**

Aufgezeichnet und kommentiert von Sabine M. Gruber

Residenz Verlag

*Den Sängerinnen und Sängern des Arnold Schoenberg Chors und Erwin Ortner gewidmet*

# Der Kuss des Nilpferds

»Das muß so sein, wie wenn …«, sagte Nikolaus Harnoncourt, legte die Fingerspitzen seiner beiden Hände aufeinander und blickte zur Decke der New Yorker Carnegie Hall, »… wie wenn ein Nilpferd küßt!«

Niemand hat je ein Nilpferd küssen sehen. Wer weiß, ob Nilpferde überhaupt küssen. Und doch wurde in diesem Augenblick jeder Sänger im Chor und jeder Musiker im Orchester von der intuitiven Erkenntnis des innersten Wesens jenes Kusses erfaßt, mit welchem Beethoven die ganze Welt zu umfangen gedachte. Das Innere der Musiker füllte sich mit Bildern, die so verschieden waren wie die Menschen und doch ähnlich genug, einen gemeinsamen Klang entstehen zu lassen, der den Inhalt mit der ganzen ihm innewohnenden Ungeheuerlichkeit hervorbrechen ließ: Diesen Kuß der ganzen Welt.

Und der Zuhörer am Abend im Konzert? Er wußte nichts vom Kuß des Nilpferds. Er erlebte indessen etwas Unermeßliches, Unerhörtes, Unerklärliches, etwas, dem er sich nicht entziehen konnte; einen Kuß, der die ganze Welt umfangen hielt, vor allem aber: ihn selbst.

Was eigentlich hat Nikolaus Harnoncourt gesehen? Was war die Vision, die seinem Bild zugrundelag? Es ist eines jener Geheimnisse, die sich musikologisch niemals ergründen lassen werden.

Die vorliegende Sammlung von Original-Zitaten – persönliche Mitschriften aus Proben und Aufnahmesitzungen, eilig mit Bleistift hingekritzelt in Chorpartituren und Klavierauszügen – läßt das Geheimnis erahnen; gibt einen unmittelbaren Eindruck davon, wie und warum Musik mit und durch Nikolaus Harnoncourt gerade so und nicht anders entsteht; wie er jedes seiner inneren Bilder intuitiv in ein Sprachgebilde übersetzt, welches in den Köpfen der übrigen Musiker ein kollektives Bild hervorzurufen vermag, das sein unerhörtes Bild hörbar verwirklicht – obwohl niemand außer ihm selbst es je gesehen hat.

Es sind spontane Bilder, Gedanken, Gedankenbilder, ernsthaft, von großem Wissen getragen und in jedem Augenblick von Humor und Menschlichkeit durchwoben.

Die begleitenden Texte stellen die Zitate in einen größeren Zusammenhang und sollen die Persönlichkeit des Künstlers und des Menschen Nikolaus Harnoncourt verständlicher machen – aus der Perspektive einer Chorsängerin, die das Glück hat, am künstlerischen Prozeß zugleich teilzuhaben wie auch diesen zu beobachten.

# I. Macht contra Würde

Es heißt, jeder müsse so sein: jeder, der es als Dirigent zu etwas bringen wolle, müsse Macht über andere Menschen ausüben, sich über sie erheben und sie sich untertan machen.
Nikolaus Harnoncourt verkörpert das Gegenprinzip zur Macht.
Der Dirigent arbeitet auf der Bühne mit einem Sänger; es ist ein großer Sänger, der eine kleine Rolle zu singen hat; ein ganzes Orchester ist an der Aufführung beteiligt, ein ganzer Chor und mehrere andere Solisten; die eine Szene, die des Sängers, muß wieder und immer wieder geprobt werden; der Dirigent arbeitet intensiv und ernsthaft; der Sänger hat seinen beruflichen Höhepunkt überschritten; er macht den Eindruck, als hätte er zuviel getrunken; der Dirigent arbeitet mit ihm wie mit allen anderen Musikern; so, als wäre alles ganz normal; oder doch nicht; nein, so-als-ob würde das Wesen der Haltung des Dirigenten nicht treffen; denn es ist nicht so-als-ob es normal wäre: es ist tatsächlich normal. Am Ende steht eine bewegende Aufführung. Und der Sänger bietet eine seiner selbst und aller anderen würdige Leistung.
Die Haltung, die in dieser Begebenheit sichtbar wird, geht über Geduld und Verständnis weit hinaus und hat mit Mitleid nichts zu tun. Sie ist beseelt von einer grundsätzlichen Achtung vor dem Wert des Menschen, dem absoluten, dem Wert an sich, unabhängig von äußeren Umständen und von augenblicklich erbrachter Leistung. Nikolaus Harnoncourt achtet den grundsätzlichen Wert des anderen, weil er selbst in hohem Maß jene unzeitgemäße Eigenschaft besitzt, die in Verlust, ja in Vergessenheit zu geraten scheint; sie ist sein Gegenprinzip zur Macht; sie heißt: Würde.
Würde basiert auf dem Bewußtsein der eigenen Fehlbarkeit, und nur dieses Bewußtsein kann Fehlbarkeit beim anderen ebensosehr voraussetzen wie akzeptieren.
»Knapp vor der Perfektion ist es am wunderschönsten.«
Wer sich seiner eigenen Unvollkommenheit bewußt ist, strebt nach Vollkommenheit, ohne sie jemals als höchstes Ziel zu betrachten. Und während Macht bei denen, derer sie sich bemächtigt, stets das Gefühl von Ohnmacht hervorruft, erzeugt Würde den unwiderstehlichen Wunsch, sich dieser Würde als würdig zu erweisen.
»Wissen Sie, wenn die Besetzung einmal feststeht, dann sind das für mich die besten Sänger der Welt.«

WOLFGANG AMADEUS MOZART
Litaniae Lauretanae, KV 195

(Kyrie, T. 5, Einsatz Chor-Sopran, »Christe eleison!«)

Hilfe, Hilfe, Hilfe!

(T. 17, zu Christina Maria Kier:)

Sie können ruhig länger auf der höchsten Note bleiben … kleiner Urlaub am Fis …

(T. 29, »Eleison«, zum Chor:)

Ein bißchen glücklicher bitte …, da schöpfen Sie Hoffnung …

(T. 37, Pianissimo vor dem Forte-Einsatz der Soprane:)

Stillstand! Stillstand wegen Schönheit!

(Sancta Maria, Anfang, Ch. M. K. entschuldigt sich für ihr Nichtzusammensein mit dem Orchester.)

Nein, es ist ja schon fast ganz toll! Sie haben nur die Tendenz, von dem Ton zu spät wegzugehen. Versteh ich. Es ist natürlich schön dort, und schade, davon weggehen zu müssen …

(T. 77, Sopran-Solo, Aufzählung der verschiedenen Attribute der Jungfrau Maria, zu Ch. M. K.:)

Das ist mir zu fromm. Sie können ja ruhig fromm SEIN. Aber es soll nicht fromm KLINGEN. Das ist nämlich hier der Mozart, der sich an den Lobesworten begeistert. Stellen Sie sich vor, Sie lesen das Lexikon der Kosenamen – und schon wieder haben Sie was gefunden!

(Zu Cecilia Bartoli:)

It is a love-song; the Americans always say »honey«, but Mozart … if you read his letters, he has an infinite number of these – how do you say »Kosenamen«? Endearments!

(Salus infirmorum, T. 5 f., zu den Solisten:)
You must be very very soft. Because you are at the Intensivstation.

(Regina Angelorum, T. 59 ff., aufsteigende Viertelbewegung »ora, ora«, zum Alt:)
Machen Sie aber jetzt nicht einen Boogie-Woogie draus.

(Agnus Dei, Geigen spielen mit Dämpfer, eine Geigerin findet den ihren nicht.)
Warum nehmts ihr nicht einfach die Gebisse oder so was?

(T. 33, Sopran-Solo, Kadenz, zu Ch. M. K.:)
Sie können da ruhig noch zwei Takte länger singen, da sind so viele Lämmchen …

(T. 42 ff., »Miserere nobis«)
Zusammensacken. Und dann ein letzter Aufschrei.

(Ende, zum Chor:)
Nicht langsamer werden, nur leiser! Das »Ritenuto« ist hier ausgeschrieben. Sie wissen ja, in der Wiener Klassik bedeutet »decrescendo« nicht dasselbe wie »diminuendo«; »diminuendo« heißt vermindern von allem, Lautstärke und Tempo; »decrescendo« nicht.


## Wolfgang Amadeus Mozart
## Missa in C, KV 167

(Kyrie, Anfang)
Ihr seids etwas grob, Bässe, so wie wenn ihr Matrosen kurz vorm Anheuern wärts.

(T. 38)
Kein Ritenuto dort! Singts einfach schlicht und neutral in die Fermate!

(N. H. erklärt dem Chor etwas; Erwin Ortner taucht auf und redet gleichzeitig auf die Soprane ein.)
Aha, der Chef ist bei Ihnen; da kriegts ihr sozusagen eine Ganzkörpermassage – ich von vorne, er von hinten.

(Es stellt sich die Frage nach der Intonation vor dem Gloria. E. O. bestimmt einen Tenor als Intonations-Sänger und will es ausprobieren.)
Doch nicht jetzt, er hat doch eh das ganze Kyrie hindurch Zeit, das Gloria zu studieren.
(Gloria, Anfang, Chorsolist singt die Intonation.)
Sehr schön machen Sie das. Aber, sagen Sie, können Sies nicht ein bißchen katholischer singen?
(Chorsolist:)
Ich bin evangelisch.
(N. H.:)
Das macht nix, das ham ma in fünf Minuten.

(»Laudamus te, benedicimus te …«)
Stellen Sie sich vor, Sie sind Parlamentsabgeordneter und haben eine Liste von sieben Punkten, die Sie unmöglich unterbringen können, in Ihren drei Minuten Redezeit.

(»Gratias agimus …«, ruft dem Chor zu:)
Ihr klingts wie ein in Ehren ergrauter Kirchenchor. Erinnerts euch doch an eure Blütezeit!

(»Domine Deus« – versetzer Einsatz Herren / Damen; zu den Damen:)
Sie kennen den Text noch nicht und sind wahnsinnig froh, daß die Ihnen das vorsingen.

(»Qui sedes …«)
Das muß ganz fest klingen, wie ein Beamter, der auf seinem Sessel klebt und dort bis zur Pensionierung nicht mehr aufsteht.

(»Cum sancto spiritu …«)
Ihr wißts eh, daß man »cum« mit drei m schreibt, so wie im Steirischen – sunst kummmt er net, der Heilige Geist.

(Credo Anfang, zu den zweiten Geigen und Bässen:)

Ihr seids nicht zusammen.

(Nach dem zweiten Versuch:)

Jetzt klingt es wie ein gemeinsamer Werkunterricht.

(T. 57 ff., »descendit de coelis«, zum Chor:)

Erstaunt muß das klingen. Ein UFO ist auf einem steirischen Dorfplatz gelandet, und die Frauen dort sagen: »Jau, kaun denn des sain?«

(Zu den ersten Geigen:)

Ihr spielts wie die Götter, aber es ist nicht schön!

(Stimme von Helmut Mühle aus der TELDEC-Technik:)

Herr Harnoncourt, Ihr Atem ist dort ziemlich laut, vor Takt 142.

(N. H.:)

Der kommt weg. Ich atme nie wieder.

(Absteigende Skalen ab T. 147)

Nicht plötzlich herunterhudeln – das klingt ja wie ein Flugzeugabsturz.

(Credo Ende)

Das Amen, das ist bei euch a bisserl so – no ja, i waß net ...

(Agnus Dei, Fuge, »Dona nobis pacem ...«)

Das klingt ja so, als ob das »Pacem« so ein Gummibärli wär – »Bitte, ich hab erst eins gekriegt, gebts mir noch eines!« Sie müssen da etwas sagen, ja, aber nichts Blödsinniges ... was Sie sich zu Weihnachten wünschen oder so was.

## Ludwig van Beethoven
Missa Solemnis

(Kyrie, T. 86 ff., zu den Solisten:)

Christe! Das klingt ja, wie wenn Sie vor der Tür zur Behörde stehen. Nein, das muß richtig in die Beine gehen, wie in einer Tanzkapelle, in der Sie schon seit 120 Jahren singen.

(T. 104 ff., zum Orchester:)

It sounds like Music Academy!

(Erinnert sich an E. O.)

We have a director of the acadamy here, but he will change all this in the next 100 years …

(T. 112 ff., zu den Solisten:)

Christe! Denken Sie Linkswalzer!

(Gloria, T. 43 ff., zum Chor:)

Wenn Sie »Et in terra pax« singen, dann füllen Sie bitte nicht ein Formular aus!

(T. 160 ff., zum Chor:)

Nicht so laut! Nur adorieren, flach auf dem Boden.

(T. 204 ff.)

Das muß ein bißchen mehr Tanzschmalz haben, es muß eine klingende Lederhose sein. A sounding Lederhosen.

(T. 269-271, zum Chor:)

Die Noten müssen aus Ihren Ohren spritzen!

(Möchte eine Stelle wiederholen)

We start middle of bar somehow.

(Zur Punktierung von »quoniam«, T. 332 etc.)

Ein Siebtel, ein Einundzwanzigstel, also jedenfalls wirklich nichts Präzises.

(T. 360 ff.)

This is dangerous to sound gestochert, was ist das in english?

(T. 479 ff., zum Chor:)

Das klingt wie exerzieren hinter Wolke Sieben.

(Credo, Anfang, zum Chor:)

Es muß schon monotheistisch bleiben, ich muß »unum dominum« hören. Sonst ist das ja Vielgötterei, was Sie betreiben.

(T. 28 ff., zum Orchester:)

Invisibility in music is painted by inaudibility, so, if it's too audible, it's too visible.

(T. 52 ff., zum Orchester:)

Don't make your private fortissimo!

(T. 130/131, »Ex Maria virgine«, Harnoncourt versucht vergeblich, die Tenöre zum Pianissimo dolce zu animieren, E. O. gelingt's mit den Worten:)

Was seids denn so nervös, wenns von der Marie singts?!?

(T. 165, »sub Pontio Pilato«)

Dieser blöde Tribun!

(T. 188, »Et ascendit«)

Sie kennen diese Bilder – zwei Füße, die aus einer Wolke schauen …

(T. 217, »Judicare«)
Don't make it schwerfällig.

(T. 309 ff., »Et vitam venturi«)
Klingt, wie wenn Sie Regenwürmer aus dem Boden ziehen. Es muß aber ein Mittelding sein zwischen einem langsamen Walzer, einem Landler und einem Tango!

The ellbow is the most important part of the body of a singer.

(T. 458 ff., N.H. bricht ab, Solisten stöhnen)
Ich weiß, ich weiß, ich habs nicht komponiert.

(N. H. kritisiert die Chor-Bässe. E. O., verzweifelt:)
Die Damen singen einfach besser, das ist ein Jammer!

(E. O. stellt nach der Probenpause immer noch um. N. H., unschlüssig, ob er beginnen kann:)
Ich weiß nicht, haben Sie noch was umzutopfen?

(Zum Orchester:)
Tuning is part of the concert.

(Sanctus, zu den Fagotten:)
Sie sind ein Eck höher als die Celli.
(Übersetzt dann:)
You are a woodedge sharper than the Celli.

(Bernarda Fink setzt zu spät ein, entschuldigt sich.)
Macht nix. Es wäre ja direkt peinlich, wenn Sie sich nie irren würden.

(Benedictus, T. 220)
Viel zu laut! Das ist hier ein Frauenkloster von einem Schweigeorden.

(Agnus Dei, Anfang, bricht ab)

Try to play more with the ears. And think alla breve, one can hear that.

(T. 384 ff., Pacem-Einsatz in verklingende Soli, zum Chor:)

Richtig hineingeknallt! Da müssen Sie den Solisten auf den Bauch springen.

(London, Royal Albert Hall, nach der Akustikprobe. Kleines Gedenken an die gerade zwanzigjährige Zusammenarbeit zwischen N. H. und dem ASC. Ein Chorsänger, der von Anfang an dabei war, bedankt sich persönlich für die zwanzig Jahre und sagt:)

Wir haben einfach wahnsinnig viel von Ihnen gelernt.

(Darauf N. H.:)

Ja, aber ich hab auch sehr viel von euch gelernt …

## II. Die Möglichkeiten des Unmöglichen

Salzburg, Mozarteum, Großer Saal. Beethovens Neunte Symphonie.
Hochsommer. Mehr als 40 Grad schon bei der Probe. Die Ode an die Freude treibt die Chorsoprane an den Rand der Verzweiflung. Höher, lauter, schneller, leiser. Verzweiflung steht in ihren Gesichtern geschrieben, Verzweiflung schreit aus ihren Stimmen.
»Aber Sie müssen da scheitern! Das geht gar nicht anders! Das hat der Beethoven mitkomponiert, das Scheitern!«
Im vollbesetzten Saal steigt die Temperatur unerbittlich weiter. Die Herren in Chor und Orchester treten hemdsärmelig auf, ebenso der Dirigent. Noch ehe das Konzert beginnt, sind alle an der Grenze ihrer Möglichkeiten angelangt. Eigentlich hätte man unter so extremen Bedingungen schonend musizieren müssen. Mit halber Kraft. Auf doppelte Sicherheit. Jeder hätte dafür Verständnis gehabt. Jedoch, aufs Äußerste gespannt, in Schweiß gebadet, geben alle mehr, als sie können, mitgerissen von einem, dessen Prinzip heißt: »Man kann eine Grenze ja nur erkennen, wenn man sie überschreitet.« Der Chor sitzt schon während der ersten drei Sätze der Symphonie auf der Bühne; die Pianissimi in den Streichern sind so leise, wie man unmöglich spielen kann; gespenstisch; die Fortissimi sind lauter als so laut wie möglich; erschütternd; die Kleider kleben an den Körpern der Sängerinnen; schon vom bloßen Zuhören, schon von der Hitze, schon aus reiner Anspannung sind die Sänger erschöpft; da, endlich, der vierte Satz; Ode an die Freude; die Sänger schreien ihre Verzweiflung hinaus, eine Verzweiflung, die jedoch zugleich die größte Freude und die größte Hoffnung in sich trägt.
Die Gefahr des Scheiterns ist allgegenwärtig. Gelingsicherheit ausgeschlossen. Beethoven hat es so gewollt.
Kein Geräusch im Publikum, kein Husten, kein Räuspern. Alles scheint den Atem anzuhalten. Eine Dame wird ohnmächtig. Einem berühmten Schauspieler, in der ersten Reihe, strömen Tränen übers Gesicht. Ein anderer Zuhörer, hilflos in seinen Emotionen gefangen, wird am nächsten Tag eine Chorsängerin anrufen, um sich wenigstens bei irgend jemandem, stellvertretend, zu bedanken.
Am Ende herrscht Todesstille im Saal. Eine halbe Ewigkeit lang.
»Ich weiß, das ist unmöglich. Aber Unmöglichkeiten sind die schönsten Möglichkeiten.«

Henry Purcell
The Fairy Queen


(Nr. 7, Scene of the drunken Poet, T. 30 ff., »Trip it, trip it …«, zum Chor:)
Ihr müßts richtig boshaft zu dem Holl sein. Akustisch, meine ich.

(T. 82 ff.)
Das ist der Chor der Vampire, nicht der große Arnold Schoenberg Chor!

(T. 84 ff., »Pinch the wretch from top to toe«)
Von Kopf bis Fuß durchzwicken müssen Sie den, eine japanische Ganzkörpermassage.

(T. 91, Poet, zu Robert Holl:)
Nicht Holl – hold!

(Zu R. H., T. 100, »I'm drunk …«)
Mit Schilcherzunge.

(T. 167, »Away, away, drive 'em …«)
Magisch, nächtlich, so irgendwie – wischend.

(Nr. 13a, »Now join your warbling voices all«, T. 10 ff., »Join, join, join …«)
Mehr, mehr, MEHR! Ein Wettzwitschern ist das.

(Nr. 13b, T. 42 ff., »Nothing offend our Fairy Queen«)
Sehr zart. Da sind Sie hundert Mandolinen.

(Nr. 19, Air, zum Orchester:)
Das ist ein Lullaby. Und ein Lullaby hat praktisch nur lllll.

(Nr. 28, Song, zu Paul Esswood:)
Geht das ein bißchen lauter? Ja, ich weiß, das ist unmöglich.
Aber Unmöglichkeiten sind die schönsten Möglichkeiten.

(T. 43 ff., »No life so blest as ours«, zum Chor:)
Singen Sie da einfach glücklich.

(Nr. 29, Einleitung zum dritten Akt)
Jetzt hat die Titania ein Gspusi mit dem Bottom.

(Nr. 31, »Now the night is chas'd away …«)
Das ist ein Foxtrott. Ein Volkstrott.

(Zu den Geigern:)
Nehmts doch den ganzen Bogen – sonst könnt ma ja gleich ein Zahnbürschtl nehmen!

(T. 33 ff., »The birthday of King Oberon«)
Stellen Sie sich vor, Sie sind auf einer Wahlveranstaltung.

(Nr. 35, Anfang, »Hail! Hail! Hail!«)
Das ist völlig taktlos. Einfach nur: Woing!

(Nr. 38, Einleitung, zum Orchester:)
Ka Baum, ka Strauch ist da der Text.

(Nr. 50, zum Orchester:)
Ihr wißts, ich liebe die Schlamperei, aber nicht hier.

(Nr. 52, T. 31, »Hymen, appear!«)
   … der Trottel.

Ist der Papst gekommen, oder warum schauts ihr alle zur Tür?

JOHANN BEER
Missa S. Marcellini
»Ursus murmurat«


(Kyrie, T. 62/63)
(N. H.:)
Warum singen Sie denn das legato? Sie haben doch erst kürzlich Gesualdo gemacht!
(Stimme aus dem Chor:)
Da haben wir auch legato gesungen.
Legato??
Ja, legato.
Da wird der Gesualdo a Freud ghabt haben. Da begeht er ja gleich noch einen Mord.

(Christe)
Nicht so! Christe – das ist ein Bittgesang, sonst singt das so daher, und das klingt dann nach Alter Musik.

(»… et in terra pax …«)
Da muß man plötzlich das Gefühl haben: die sind eh alle brav, die St. Georgener …

(Gloria, T. 20)
Das »tis« ist zu laut. Wahrscheinlich war das nur der Herr Feitzinger, der war vorhin nicht da.
(Zu Herrn Feitzinger:)
Sie kennen mich noch nicht, das dürfen S' nicht so ernst nehmen, ich versuch nur, die Stimmung zu heben.

Fermaten können genauso gut kürzer wie länger sein, schreibt der Georg Muffat.

(Gloria, T. 147 ff., »... miserere«)
Die Viertel sind immer die Urgenz.

Tonwiederholungen sind eine Erfindung von Monteverdi, am 17. Dezember 1623.

(Gloria, T. 297, zu Ildiko Raimondi:)
Wie ein Ausbruch von einem wildgewordenen Pferd!

(Gloria, Schlußfuge)
Das ist ein Vatikanisches Alla breve.

(Credo, N. H. singt Alexander Mayr, dem Chorsolisten, die Intonation vor.)
(A. M.:)
Darf ich das übergeben?
(N. H.:)
Nein!! Die Leute würden lachen. Ich bin doch eine lächerliche Figur, im vokalen Bereich.

(Ein Chorsänger trägt eine Kappe, weil ihm so kalt ist, in der Kirche.)
Ich weiß nicht, ich bin so abgelenkt von seinem Kapperl, ich hab' immer das Gefühl, wir sind in Caorle und er hat seine Sonnenbrille vergessen.

(Et Incarnatus, T. 97/98, »fa---ctus«, zu Elisabeth von Magnus:)
Elisabeth, du kannst atmen, sooft du willst, aber keine Wortwiederholung hier. Ich weiß, ich weiß ... das machen alle Sänger, ... ist eine internationale Unsitte.

(Crucifixus-Fuge, Anfang)
Das muß deutlich sein, das sind die Ecken vom Kreuz.

Könntets ihr bitte ein bisserl leiser sein? Ich verheddere mich dauernd, weil mir eure Worte dazwischen reinkommen, im Kopf.

(Et resurrexit, T. 72 ff., zu Ildiko Raimondi:)

Es muß so klingen, wie wenn Sie auf einer heißen Herdplatte sitzen und eigentlich schnellstens wieder runterwollen. Ein bißchen anverbrutzelt.

(T. 166 ff., »Et resurrexit«, zum Chor:)

Na kommts, springts aus den Schachteln!

(Judicare, ab T. 250)

Wahnsinnige Trauer muß das sein. In den Augen des Beer waren alle Menschen Verbrecher, kurz nach dem Dreißigjährigen Krieg. Stellen Sie sich einen Stich von Callot vor, wo dreißig Leichen an einem Baum aufgeknüpft sind …

(T. 257 ff, »… et mortuos«, zu Ildiko Raimondi:)

Ich hab eine Frage. Kriegen Sie da eine traurige Stimme hin?


LUDWIG VAN BEETHOVEN
Christus am Ölberg


(Chor der Engel, »O Heil euch, ihr Erlösten!«)

Entschuldigen Sie, aber das klingt ein bißchen nach Berlitz Sprachschule.

(T. 167 ff., zum Orchester:)

Es hat keine Richtung. Die Töne liegen wie Erdäpfel nebeneinander.

(T. 206 ff., »Doch weh! die frech, die frech entehren, das Blut, das für sie floß …«)

Stop! Ihr klingts wie ein Pfadfinderchor. Das muß gemein sein! Sie sind Breughel-Figuren, die aus einem Bild herauskriechen. Bis die dann dem Chor die ganzen Stimmbänder herausgezogen haben.

(Fugen-Auftakt, zum Chor:)

Abspringen! Wenn Sie landen, dann hängt das auch damit zusammen, wie Sie abspringen. Da können Sie jeden Heuschreck fragen.

(»Sie trifft der Fluch des Richters! Verdammung ist ihr Los.«)

Jetzt: heulen! Heulen aus der Unterwelt! Höllengeheul! Wie Hieronymus Bosch muß das klingen! Sie sind die Mäuler, in die diese Verdammten hineingeschlurft werden.

(E. O.:)

Können wir das noch einmal machen?

(N. H.:)

Nein, wirkliche Hölle kann man nur einmal singen. Dann ist man tot.

(Nr. 3, Rezitativ Jesus, zu Peter Seiffert:)

Da müssen Sie sagen: Ich möchte schlafen ... nicht diese ganze Blutschwitzerei und das alles. Jetzt klingt das noch so, als ob Sie Zeitung lesen.

(Nr. 5, Chor der Krieger und Jünger)

Die Jünger haben überhaupt keinen Mut, und das drückt sich im diesem Jammer-Legato aus – die sind einfach keine Gegner für die Soldaten; Sie sind mir zu artikuliert, Sie müssen noch viel jämmerlicher sein. Wie das Weinen einer Volksschulklasse.

(Zum Orchester:)

Stimmts doch leise! Was ihr da für Geröhre und Gegröle machts ... da gibts außereuropäische Zuhörer, die meinen dann, das ist der schönste Teil von unseren Konzerten ...

(Nr. 7, Chor der Krieger)

Das war ein Holzschwert, Sie müssen aber ein japanisches Samurai-Schwert verwenden, da muß ein Ohr fliegen ... das liegt dann in der siebenten Reihe, das Ohr, einer Dame im Dekolleté.

(Ein Chor-Krieger murrt halblaut:)

Bei diesem Tempo kann man keine Töne entwickeln …

(N. H.:)

Diese Theorie kenn ich, aber die Praxis heißt: Sie müssen!


Ludwig van Beethoven
9. Symphonie
Ode an die Freude


(T. 313, »Küsse gab sie uns und Reben …«)

Ausflippen! Das ist ein Dionysos-Fest – trunken, taumelnd, aber nicht frivol.

(T. 411, Männerchor, »Laufet, Brüder, eure Bahn, freudig, wie ein Held zum Siegen!«,
a propos Achtelpausen:)

Nicht stolz oder begeistert! Sie stehen neben einer Pferderennbahn und können nicht atmen vor lauter Aufregung.

»Poco forte« heißt a bisserl laut, und »più forte« noch a bissl lauter.

(T. 548 f., »Elysium«)

Schießen Sie eine Leuchtrakete, eine rosa Feuerwolke.

(T. 596 ff., »Seid umschlungen, Millionen!«)

Jenseits von Gut und Böse.

(T. 596 ff.)

Diesen Kuß der ganzen Welt – das muß so sein, wie wenn …, wie wenn ein Nilpferd küßt!

(T. 602 ff.)
Die Bratschen sind da völlig wahnsinnig geworden.

(T. 650 ff., »Über Sternen muß er wohnen.«)
Singen Sie das nur mit einem Stimmband.

(T. 672, Alteinwurf »Freude«)
Epileptisch.

(T. 730 ff., »Ihr stürzt nieder, Millionen«)
Total fertig.

(T. 855 ff., »Seid umschlungen, Millionen!«)
Das darf überhaupt nicht mehr nach Musik klingen.

Sie müssen da scheitern. Das geht gar nicht anders. Das hat der Beethoven mitkomponiert, das Scheitern.

(Ende)
Wissen Sie, der Held ist bisweilen viel interessanter, wenn er scheitert.

Franz Schubert
Magnificat D 486

(Michael Brammann justiert die Mikrophone.)
Herr Brammann, stören wir Sie oder können wir anfangen?

(T. 20 ff., »Quia respexit …«, zu den Sopranen und Alten:)
Wieso hat der mich ausgewählt? Ich bin doch nur die Putzfrau.

(T. 29, »Ecce enim …«, zu den Chorbässen:)
Das klingt ja, wie wenn Sie unter der Tuchent etwas gesehen hätten.

(Zum Orchester:)
Schieben Sie da nicht an, das ist ein russisches Legato, was Sie da machen.

(T. 76 ff., »et divites dimisit inanes«, zu den Chorbässen:)
Die werden schon wieder zermatschkert, die Divites, die Reifenaufschlitzer, Luftauslasser …

(T. 94 ff., »Sicut locutus est …«, zum Chor:)
Das muß deutlich sein. Sonst sind wir bei Suaheli, das ist eine wichtige Sprache, aber man kann sie für diese Musik nicht brauchen.

(Zu Christiane Oelze:)
Ein bisserl mehr.
Nein, jetzt wars zuviel. So, wie wenn Sie beim Fleischhauer sind, und der fragt: Darfs ein bisserl mehr sein? So viel mehr.

Man kann ja eine Grenze nur erkennen, wenn man sie überschreitet …

# III. Die Macht der Bilder

Springende Maulwürfe, singende Zähne, tanzende Libellen, unsichtbare Krokodile.
Nikolaus Harnoncourts Sprachbilder haben etwas kindlich Naives an sich. Naiv, ja, jedoch im ursprünglichen Sinne von natürlich, echt und einfach. Und kindlich vielleicht in diesem: Das Bildhafte ist der Sprache in die Wiege gelegt.
Sprache ist nicht willkürlich und nicht abstrakt. Sprache ist aus dem bildhaft Konkreten geboren worden, aus körperlichen Empfindungen, aus seelischen Zuständen und Erscheinungen. Laute malen Bilder, spiegeln Seelenzustände, die sich wiederum in Körperlichem ausdrücken. Unser Gebrauch der Sprache läßt uns dies vergessen, verdrängen, verachten sogar.
Wer empfindet schon beim Erschrecken noch das ursprüngliche In-die-Höhe-Springen, aus dem es entstanden ist? Vermutlich nur der Heuschreck. Wen läßt Entsetzen noch von seinem Sitz aufspringen? Wem ist bewußt, daß Grimm die Empfindung wütend sich aneinander reibender Zähne malt? Und nur ein Kind kommt auf die Idee zu hüpfen, wenn es froh ist.
Sprachlicher, musikalischer und körperlicher Ausdruck haben sich verselbständigt. Abstraktion beherrscht die Welt und damit auch unsere Sprache. In ihrem Grunde aber bleibt Sprache hartnäckig konkret und überaus lebendig. Nikolaus Harnoncourt ruft die Urbilder, welche in ihr schlummern, wach – und niemand kann sich ihnen entziehen.
So wie Sprache nicht aus willkürlichen Lautgebilden besteht, ist Musik in ihrer Entstehung niemals abstrakt und unabhängig von sinnlichen Inhalten. Dort, wo Musik und Sprache einander treffen, in der vertonten Sprache, läßt sich die ursprüngliche Einheit von Sprache, Musik und Bewegung leichter nachvollziehen als in der vom Wort losgelösten Musik: Sprache und Musik schöpfen aus ein und demselben unversiegbaren Reservoir körperlicher und seelischer Zustände; verschieden sind nur die Ausdrucksmittel.
Mit Hilfe seiner Sprache weckt Nikolaus Harnoncourt all die Gefühle, Empfindungen, die körperlichen und seelischen Zustände und Erscheinungen, aus denen Sprache geboren wurde; diese wiederum werden von den Musikern und Sängern von neuem in Tönen ausgedrückt.
Am Ende, im Konzert, geschieht das Unerklärliche: das Innere der Musiker teilt sich dem Inneren des Zuhörers auf wundersame Weise wortlos mit.

## Joseph Haydn
## Die Schöpfung

(Nr. 1, Vorstellung des Chaos; unterbricht, zum Orchester:)

Entschuldigen Sie, das muß in der Wirkung unsicher sein, nicht im Sein!

(Letzte 4 Takte:)

Und die Flöte dann wie eine Rotkreuzschwester, die einen noch streichelt.

(Nr. 2, zum Continuo, T. 11 f., nach: »… und die Erde war ohne Form und leer.«)

Das ist Sibirien!

(»… und Finsternis war auf der Fläche der Tiefe«, zu Robert Holl:)

Nicht zu langsam, sonst wird's pathetisch; das Ganze ist aber ein grandioses Marionettentheater.

(»Und der Geist Gottes schwebte auf der Fläche der Wasser …«, zum Chor:)

Nicht schön sprechen, wir werden noch genug schön sprechen. Begeistert müßts ihr da sein wie die Kinder beim Kasperltheater!

(T. 25 ff., »Es werde Licht! Und es ward …«)

Nichts vorbereiten! Nur in den Raum gehen, wo der Schalter ist!

(T. 28, »… Licht.«)

Da geht der Lichtschalter an – der vom Kraftwerk. Stellts euch vor, ihr seids an einen Steckkontakt angeschlossen, und die Putzfrau dreht irrtümlich den Schalter an.

(Nr. 3, T. 50 ff., bei »Erstarrt entflieht der Höllen Geisterschar in des Abgrunds Tiefen hinab zur ewigen Nacht«, zum Orchester:)

Das klingt ja wie die Ortspolizei von einem ganz friedlichen Züricher Distrikt! Da verscheucht jemand die Höllengeister, und die sagen: Gehen Sie bitte auf dem Gehsteig.

(T. 76 ff., »Verzweiflung, Wut ...«)
Die ist mir zu kultiviert, die Verzweiflung.
(In Paris, le Chatelêt, bei der Stellprobe.)
Ihr klingts wie der Chor vom Sacré-Cœur.

Das Konzert ist am Vormittag. Schauen Sie, daß Sie eine Abendwut zustande bringen!

(T. 81, zum Sopran:)
Wie im Hundezwinger!

(T. 96 ff., »Und eine neue Welt ...«, zum Chor:)
Das wichtigste Wort in dem ganzen Werk ist »und«! Das müßts ihr singen wie ein Prater-Ansager, der verkündet, was man alles für Sensationen sehen kann.

Sie müssen das begnadet singen. Sie müssen glücklich sein (ein Bratscher gähnt) – ja, genau so –, daß Sie überhaupt etwas sehen dürfen von der neuen Welt.
Nicht so unbeteiligt! Wie ein kleiner Maulwurf müssen Sie aus der Erde schauen und sich freuen!

»Welt« – das muß wunderbar klingen, wie »world« ... heutzutage is ja sowieso alles englisch.

(T. 109 ff., »... entspringt auf Gottes Wort ...«)
Sie haben aber eine komische Art zu springen! So wie diese Pflanzen, Sie wissen schon, die ihre Samen wegschleudern, wenn man an ihnen ankommt – so muß das klingen.

Das ist mir schon zu kurz. Das klingt, wie wenn ein Spezialist für Alte Musik Ihnen das gesagt hätte. Es soll nicht kürzer sein, aber es soll machen: poing!

(T. 113 ff., »Erstarrt entflieht ...«, verwundert zu E. O., der korrepetiert und den Uriel markiert:)
Haben Sie immer schon so gesungen?!?

(Nr. 4, »Und Gott machte das Firmament und teilte die Wasser, die unter dem Firmament waren, von den Gewässern, die über dem Firmament waren …« Alfred Muff geht bei »und es ward so« zu früh weiter.)

Sie erzählen das einem Kind, das am Strand steht, mit offenem Mund; aber wenn wir das zu schnell machen, dann ist das Kind am Strand überfordert.

(T. 7, nach einer stürmischen Nacht in Zürich, vor »Da tobten brausend heftige Stürme«, zum Orchester:)

Nein, nicht so. Spielen Sie doch einfach das, was in der Nacht war.

(T. 27 ff., vor »Der Flut entstieg auf sein Geheiß der allerquickende Regen …«)

Ganz zart! Wie ein Frühlingsregen, und jeder einzelne Tropfen ist ein Geigenton.

(ebd.)

Das ist hier, wie wenn die Brause nicht funktioniert.

(T. 34, vor: »… der allverheerende Schauer«)

Und hier geht sie los, ohne daß wir genau wissen, warum.

(T. 41, vor: »… der leichte, flockige Schnee«, zu den Geigen:)

Wie ein noch nicht geschmolzener Schneekristall.

(Zum Orchester:)

Sie können meinetwegen den ganzen Nachmittag sprechen, aber nicht während der Rezitative! Bitte nicht!!

(Nr. 5, T. 35 ff., »Und laut ertönt aus ihren Kehlen …«, zum Chor:)

»Laut« müßts ihr betonen, nicht »Kehlen«! Die »Kehlen« nur so laut, daß man die Anatomie versteht. Wovon kann's denn sonst noch tönen laut?

Schrecklich. Das klingt wie eine Propaganda für die Lauda-Flotte.

(Nr. 7)

Jeder Mensch weiß, daß er noch eine Reserve hat, wenn der Leopard kommt.

(Bittet Alfred Muff, im T. 11 so leise zu singen, wie er nur kann.)

Das ist doch schön, so leise zu singen!

(Nr. 8, »Es bringe die Erde Gras hervor …«, zu Dorothea Röschmann:)

Sie freuen sich, was Sie alles damit machen können. Sie denken schon an Spinat für das nächste Essen.

Nicht nur die Bibel lesen – die Bibel lesen für 200 Kinder! Da, schauts her, ich kann zaubern – und die Pflanzen sind schon da.

(Nr. 11, »Stimmt an die Saiten …«)

Das ist der Witz beim Haydn, er baut Erwartungen auf, die er dann nicht erfüllt. Das Nichterfüllen der Erwartungen, das ist es, was den Zuhörer wieder freut.

(T. 11 ff., »Denn er hat Himmel und Erde bekleidet …«, zum Chor:)

Können Sie das nicht spannender erzählen?!

Das ist mir zu künstlich. Das wird dann nur mehr: lang, kurz, breit … Es klingt wunderschön, aber wenn man hineinsticht, ist nur leere Luft drinnen. Das ist überhaupt die größte Gefahr beim Musizieren, daß es keinen Inhalt hat.

(T. 37 ff., Chor ist etwas hinter den 1. Geigen zurück.)

Denken Sie nicht zuviel! Wenn Sie denken, wird sowieso alles durcheinander.

( T. 47 ff.)

Nicht laufen!! Lernen Sie Cello, dann wissen Sie, wie das ist.

(Nr. 12, »Er machte die Sterne gleichfalls«, zu Kurt Streit:)
Die Sterne sind für die Kinder.

(Nr. 13, T. 39 ff., »… ziert ohne Zahl der hellen Sterne Glanz«, zu den Geigen:)
Glitzern muß das!

(ebd., zu Herbert Lippert:)
Ein Rezitativ hat kein Metrum! Ich gebe das einmal als Buch heraus.

(Nr. 14, T. 37, »Die Himmel erzählen die Ehre Gottes …«)
Hörts doch auf! Das ist doch kein Jubel, was ihr da machts!

(T. 141 f., »… zeigt an das Firmament«, zum Chor:)
Das muß fanfariger klingen.

(Nr. 15, nach dem zweiten Teil, bevor er anfängt, den dritten zu probieren)
Wishes? Beschwerden?

(T. 115 ff.)
So ein Rascheln ist was Herrliches, in der Geige.

(Nr. 16, Anfang, unterbricht; zum Orchester:)
Ist fast wunderbar.

(T. 103, »… und Liebe/girrt das zarte Taubenpaar«)
Warten! Das zarte Taubenpaar muß doch erst im Bett landen!

(Nr. 17, zum Orchester:)
Bitte nicht reden! Ich hab noch gute Ohren, und ich hör alles, was Sie sagen. Ich weiß, es ist mein Fehler, aber ich muß mich konzentrieren.

Das klingt aber nicht so, als ob Sie wollen, daß wir uns vermehren.

(Nr. 19, Anfang, zum Orchester:)
Nicht so hart! Nicht schießen – es ist doch keine Vogeljagd.

(T. 87 ff., »… wälzet sich Leviathan«, zum Orchester:)
Leviathan – das ist ein Dickwanst, der am Grund des Meeres liegt und Menschen auffrißt.

Der Leviathan ist ein Meerungeheuer. Der frißt Häuser. New York kann der fressen.

(Läßt die 2. Geigen allein spielen:)
Nein. Sie können höchstens eine Köhlerhütte fressen, nicht New York.

(T. 145, »Der Herr ist groß …«, zum Chor-Sopran:)
Hier sind Sie Trompeten.

(Solisten-Einsatz, »Der Herr ist groß«)
Sie singen das so, als ob wir alle leicht deppert wären.

(Jemand gähnt.)
Glauben Sie mir, ich kenne die Gebisse der Sänger besser als jeder Zahnarzt, ob jemand eine neue Plombe hat, oder so – auch die Gebisse der meisten Orchester: jeder gähnt einmal in einer Probe; früher hat man ja so gegähnt,
(Hält sich die Hand vor)
aber heutzutage …
(Hält kurz inne, weil im Orchester gesprochen wird)
Und ganze Romane könnte ich schreiben, was so gesprochen wird am letzten Pult, 10 Minuten vor Ende der Probe, nicht zu fassen!

(Nr. 20, T. 3, »Es bringe die Erde hervor lebende Geschöpfe nach ihrer Art …«)

Nicht »Geschöpfe« betonen, Geschöpfe haben wir eh dauernd, »Lebende« müssen Sie betonen, bis jetzt haben wir ja nur diese Kräuter gehabt und so was.

(Nr. 21, Anfang, »Gleich öffnet sich der Erde Schoß …«, zum Orchester:)

Das soll sehr, sehr laut sein, wirklich ein großes Maul!

(T. 7 ff., vor »Der Löwe brüllt«, zum Orchester:)

Nein, nicht so künstlich. Der Löwe weiß nichts von Barockmusik!

(Zu Anthony Michaels-Moore:)

The earth explodes and makes a gap, and the animals jump out.

(A. M.-M. singt: »Vor Freude brüllend …«)

Who is it?

(»… steht der Löwe da.«)

Stellen Sie sich vor: Brehms Tierleben, sechzig Bände, und Sie haben das nicht studiert. And when the »piano« comes, you don't know, which animal will jump out – that's the reason for the »piano«.

(T. 13, »… steht der Löwe da«, zu Robert Holl:)

»Steht« und »da« ist wurscht. Der Löwe ist wichtig – wie das Krokodil beim Kasperltheater.

(T. 19)

Nicht warten, sonst denkt man, das ist noch der Löwe, es ist aber schon der Tiger!

Zuerst die Musik – dann kommt der Tiger.

(T. 28 ff., vor »Mit fliegender Mähne …«, zum Orchester:)

Sie müssen die Pferde lieben, wenn Sie das spielen!

(T. 34, Alfred Muff atmet ein.)

Schon zu spät.

(T. 54 ff., »Wie Staub verbreitet sich in Schwarm und Wirbel das Heer der Insekten«, zum Orchester:)

Spielen Sie die Gelsen nicht so als Hornissen.

(Nr. 23, Anfang)

Jedes Rezitativ fängt mit und an – »und« ist das wichtigste Wort.

(Zum Orchester:)

In Pausen darf man nicht mit den Ohren wackeln, oder was Sie sonst immer machen.

(T. 5, vor »Mann und Weib erschuf er sie«)

Zeit! Er muß ihn ja erst erschaffen, den Menschen. Und nicht so hart! Dann ist es ja wieder nur so eine Ratte, wie eh schon Tausende erschaffen sind.

(T. 10, nach »… und der Mensch wurde zur lebendigen Seele«, zum Continuo:)

Ich würde da nicht zuviel Gemüse machen, auf die Akkorde hier.

(Nr. 24, Einleitung zu »Mit Würd' und Hoheit angetan, mit Schönheit, Stärk' und Mut begabt, gen Himmel aufgerichtet, steht der Mensch, ein Mann und König der Natur«, zum Orchester:)

Das ist mir zu modern, wie Sie das spielen. Das ist ein sehr männliches Stück, und das geht von der ersten Geige aus.

(T. 11 ff., zu Kurt Streit:)

As if you had a sopran-trumpet in your throat.

(T. 59, »An seinen Busen schmieget sich, für ihn aus ihm geformt, die Gattin …«, zu Herbert Lippert:)

Die Gattin braucht zu lang. Ich kann da nicht warten!

(T. 78)

(Roberto Saccà:)

So wollen Sies haben?

(N. H.:)

Ich nicht, der Haydn; mir wärs eh so lieber, wie Sies vorher gesungen haben.

(»In froher Unschuld lächelt sie, des Frühlings reizend Bild, ihm Liebe, Glücke und Wonne zu«, T. 87 f., »… ihm Liebe, …«, zum Orchester:)

Und jetzt: Schlafzimmer.

(Fermate in T. 100)

Ich hab gesagt, Sie sollen mit dem Ton bis nach Australien gehen – und Sie waren nicht einmal in Kloten!

(Probiert den Übergang zur Nr. 26)

Machen wir das Rezitativ vorher.

(Besteht aus 8 Takten. Frage aus dem Orchester:)

Das Ganze?

(Nr. 26, T. 28, »Auch unsre Freud …«, zum Chor, der die einzelnen Silben betont:)

Nein. Das klingt wie abgerichtetes Zirkusbellen.

(T. 71 ff., zu den Streichern:)

Das muß klingen, wie wenn Sie an der Wand kratzen.

(T. 72, »Du wendest ab dein Angesicht«, zu Robert Holl:)

Ich würde hier nicht so schön singen.

(T. 140 ff., »Denn er allein ist hoch erhaben ...«)

Das ist der Kommentar von kleinen lustigen Giftzwergen, die meinen, sie müssen immer alles erklären.

(»Alles lobe seinen Namen, Alleluja«, T. 143 f., »Alleluja«, zum Chor:)

Das ist der Stempel vom Amt.

(T. 170, »Alleluja, alleluja«, zum Alt:)

Können Sie da bitte mehr durchdrehen?

(Nr. 27, T. 2, hält die Flöten zum Leisespielen an:)

Das ist die Göttin der Morgenröte, die ist so schön, da muß man das Gefühl haben, die hat höchstens fünfzig Kilo.

(Vorspiel, vor dem Einsatz des Uriel in T. 24, zum Orchester:)

Sie haben einen Krug, da ist Harmonie drinnen, und den leeren Sie auf die Erde. Wenn Sie machen: »Plop«, dann fällt nur ein Stein raus, und der Uriel weiß nicht, was er singen soll.

(Auftakt zu T. 30, »... und schön«, zu Herbert Lippert:)

Das klingt, als würden Sie das Orchester erwarten.

(H. L.:)

Nein, hab ich jetzt gar nicht.

(T. 40 ff.)

Die Hörner sind die Faune. Und was sind denn die Oboisten ... kleine Putten oder so was.

(Nr. 28, ab T. 82, »Macht kund auf eurer weiten Bahn ...«)

Ein bisserl fanfariger!

(T. 215, »Ihr Tiere, preiset alle Gott …«)

Das klingt ja, wie wenn Sie auf Großwildjagd gehen, ich hab mir da eher freundliche Tiere vorgestellt – das muß klingen wie … wie … wie der Weltverein der Tierschützer!

(E. O. erklärt dem Chor eine Aussprache-Regel bei »… Gesegnet sei des Herren Macht …«)

Ich mag Regeln nicht so besonders, wissen Sie. Zum Beispiel Doppelkonsonanten vor dem Schlag singen: TRR – OTZ. Als Auftakt. Das ist eine fürchterliche Regel!

(T. 263 ff., »Heil dir, o Gott!«, zum Chor:)

Da muß jedem von Ihnen ein heiliges Schauern über den Rücken laufen.

(T. 263)
(N. H.:)

Viel, viel leiser!

(E. O.:)

Das ist ein Problem, da sind Alte und Soprane zusammen.

(N. H.:)

Ja, aber das kann man ja nicht ansagen.

(T. 269, »Heil! Aus deinem Wort …«)

Die Übertreibung ist nur interessant, wenn es eine Übertreibung ist. Es gibt da immer eine ganz einfache Regel, die heißt: WUMM!

Der Rhythmus ist fast immer wichtiger als Harmonie oder Text.

(Takt 290 ff., Fuge, »Wir preisen dich in Ewigkeit«)

Sie haben von jeder Partei einen Schilling bekommen, damit Sie sie preisen, Sie sind erfüllt von der Sucht nach Gewinn, bestochen und korrupt.

Ihr wißts eh, die Cherubinen müssen bis zum nicht vorhandenen Ende der Ewigkeiten so singen, und was das bedeutet – auch gewerkschaftlich –, das müßts ihr ausdrücken.

(Nr. 29, T. 23 ff., »O du, für den ich ward! mein Schirm, mein Schild, mein All!«,
zu Dorothea Röschmann:)

Der Haydn hat ja eine Bißgurn als Frau gehabt, weiß ja eh jeder, und irgendwie … ist das hier eingearbeitet …

(Nr. 30, T. 210, »… was wäre mir der Morgentau …«; unterbricht, zum Orchester:)

Meine Herren, es handelt sich hier nicht um Hagelschlag, sondern um Düfte.

(Ende, zu den Streichern der Wiener Philharmoniker:)

Das Nachspiel ist noch nicht ganz wunderbar. Können Sie da ein bißchen Brillantine draufgeben?
(Unterbricht, zu den 1. Geigen:)
Ist das jetzt grausam, wenn ich Sie das einmal allein spielen lasse??

(Nr. 32, »Singt dem Herren alle Stimmen …«)

Wie wenn der ganze Chor an einem riesigen, hoch aufgehängten Seil schwingt.

(T. 7, kommentiert die ausgeschriebenen Vorschläge im Chorsopran:)

Die Herausgeber glauben immer, die Musiker sind alle Trottel.

IV. Das Innenleben der Sprache

Sprache scheint von der Welt des Sehens beherrscht, aus ihr und für sie geschaffen zu sein. Es fällt uns schwer zu begreifen, wie ein Sprachgebilde überhaupt in die unsichtbare Welt der Töne eindringen kann; wie es Nikolaus Harnoncourt überhaupt möglich ist, mit Hilfe von Sprache musikalische Inhalte zu vermitteln. Muß Sprache in der Welt der Töne nicht auch für ihn eine Krücke bleiben? Bleibt die verbale Verständigung in der Welt der Musik nicht immer mühevolles, unbefriedigendes Metaphorieren und letztlich eine Illusion?
Dies anzunehmen hieße das Wesen der Sprache zu verkennen.
Oberflächlich betrachtet, scheinen Begriffe tatsächlich nur einer ganz bestimmten Sinneswelt anzugehören, und es ist, als ob wir sie – gnadenhalber und vorübergehend – einer anderen zur Verfügung stellen; doch der Schein trügt: unterirdisch ist alles Sinnliche in uns verbunden, in weitverzweigten Gängen und fließenden Gewässern. Sprache ist Ausdruck dieser Verbindungen, auch wenn das Wissen und das Bewußtsein darüber immer mehr verlorengehen.
Betrachten wir nur einmal *betrachten* – es geht auf ein Bewegungswort zurück: trahere, ziehen; *hell* bewegt sich wesensmäßig seit jeher in der Welt des Schalls, im Dunkel verschwinden nicht nur Gestalten, sondern auch undeutliche Geräusche, *leise* bezeichnet ursprünglich eine sanfte Bewegung, *still* heißt bewegungs- wie auch lautlos, während *piano* auf ein Wort zurückgeht, das glatt und ebenmäßig hieß.
In den Tiefen unseres gemeinsamen Unbewußten ist alles, was in einem Wort mitschwingt, für alle Zeiten aufgehoben: sein lebendiges Wesen, das von seiner Geschichte geprägt ist.
Der Absolutismus des Visuellen und des Abstrakten ist eine Erscheinung unserer Zeit, die in unserer sprachlichen Wahrnehmung Spuren hinterlassen hat. Ihrem Wesen nach ist Sprache jedoch nicht nur sinnlich, sondern auch ein für alle Sinne durchlässiges System, so wie auch unsere Sinne miteinander in Verbindung stehen und Sinneseindrücke in unserem Inneren nicht klar voneinander getrennt entstehen.
»Das muß klingen wie Vanillesauce.«
Was wir vielleicht als Bild empfinden, ist nur im übertragenen Sinn ein Bild; es ist ein Bild, das wir nicht nur sehen; ein Bild, das eine Bewegung miteinschließt, einen Geruch, einen Geschmack, und das uns zugleich im wahrsten Sinn des Wortes berührt.

## Claudio Monteverdi
Marien-Vesper


(Domine ad adiuvandum)
Süditalien! Singen Sie das mit Fischgeruch in der Nase.

(Dixit Dominus, T. 54 ff., »… ex utero ante luciferum genui te.«)
Erotisch.

(T. 76 ff.)
Sie haben einen Dämon im Leib.

(T. 85 ff., »Judicabit in nationibus«)
Grausig akzenturieren! Sadistisch!

(T. 104, »De torrente in via …«)
Wandern mit den Naturfreunden.
(T. 105 ff., »… bibet.«)
Hochschwab, Nordhang …

(»Laudate Pueri«)
Lyrico.

(T. 54, »pauperem«)
Karitativ!

(T. 57 f., Tenor II, »ut collocet eum cum principibus.«)
Und hier denken Sie an Schwarzenegger …

(Laetatus sum)
Das ist eine Prozession nach Jerusalem.

(T. 31 ff., »illuc enim ascenderunt tribus.«)
Und nun bekommen Sie alle Fieber!


## JOHANN SEBASTIAN BACH
Johannes-Passion

(Nr. 1, Eingangschor)
Sie müssen sich da ein Kreuzigungsbild aus dem 17. Jahrhundert vorstellen.

(T. 25 ff., »Herr, unser Herrscher, dessen Ruhm in allen Landen herrlich ist«)
Unter Ruhm versteh ich etwas, was sich so ausbreitet ...

(T. 37 f., Sechzehntelbewegung im Sopran)
Da müssen Sie tanzen.

(Viertel-Einwürfe der Tenöre, »Herr, Herr ...«)
... und die Tenöre sagen: Gemma!

(T. 86, Forte-Einsatz, Sopran und Alt)
12mal so laut! Oder wenigstens 11mal ...

(Nr. 2, »Wen suchet ihr?«, Chor: »Jesum von Nazareth.«)
Eine verhalten freudige Gemeinheit.

(Nr. 3, Choral »O große Lieb' ohn' alle Maßen ...«)
Wie wenn ihr ein Muttertagsgedicht aufsagen würdets.

(Nr. 5, Choral »Dein Will gescheh, Herr Gott, zugleich auf Erden wie im Himmelreich«, T. 2, zum Alt:)

Wie wenn Sie jemanden am Ohr durch die Partitur ziehen. Eine alte Erziehungsmethode …

(Nr. 10, Rezitativ, Servus: »Solltest du dem Hohenpriester also antworten?«)

Das muß so sein, daß ihm der Schleim aus dem Mund rinnt.

(Nr. 12, Chor, »Bist du nicht seiner Jünger einer«, zum Chor:)

Da ist eine störende Präzision drinnen; flüstern müßts ihr da, euch so herantasten, so, als würdets ihr euch anschleichen.

Das ist der Schmuggler-Chor.

(Nr. 15, Choral, Ende, T. 15 ff., »… wie denn die Schrift saget.«)

Hier sprechen Sie von einer Antiquität – das muß eine ganz andere Klangfarbe haben.

(Nr. 16, Rezitativ, »Da führten sie Jesum von Kaipha vor das Richthaus …«)

Das sind Wiener Polizisten, ganz sicher.

(Nr. 16b, Chor, »Wäre dieser nicht ein Übeltäter …«, T. 13 ff.)

Ü-bel-tä-ter – eine Glissando-Schleim-Figur; da müssen Sie heulen! Es gibt nichts Gemeineres als ein Halbton-Glissando.

(Nr. 16d, Chor, »Wir dürfen niemand töten.«)

Rotzkalt sprechen.

(N. H. ändert die Aufstellung der Solisten.)

Der Holl ist kein Problem, der dröhnt, wo immer er ist.

(Bei der Stellprobe in Berlin, kurz vor dem Konzert)

An die Akustik muß man sich gewöhnen, aber Sie werden sehen, so in zwei, drei Stunden werden Sie sich richtig wohl fühlen ... Sehen Sie, ich kann auch einen Witz machen.

(Nr. 18, Chor, »Nicht diesen, diesen nicht ...«)

Machen Sie hier wirklich deutsche Grammatik!

(»... sondern Barrabam!«)

Der Barrabas heißt auch nicht umsonst so. Was würden die machen, wenn der Rainer heißen würde ...

(Beginn der Tenor-Arie »Erwäge ...«, zu James Taylor:)

Die Grenzen des guten Geschmacks kann man nur finden, wenn man sie überschreitet; und knapp daneben, wos gerade noch nicht kitschig ist, dort ist es am schönsten.

(T. 38, Vibratotriller auf »Gnaden«, zu James Taylor:)

Stellen Sie sich vor, Sie sind ein Araber.

(Nr. 21d, T. 46, zum Orchester:)

Es war annähernd ganz toll.

(Nr. 21f, Chor, Anfang, »Wir haben ein Gesetz ...«)

Es muß klingen wie auf einem Paßamt. Man muß die Ärmelschoner hören.

(»... und nach dem Gesetz soll er sterben.«)

Schadenfreude! Sadismus! Aber nicht zu aktiv. Sie sagen nur: Rennen Sie sich den Schädel ein.

(T. 59, Baß-Figur, »sterben«)

Das muß etwas von stinkender Schönheit haben.

(T. 74)

Die Soprane sind schon ein bißchen mausig …

(Nr. 21g, Rezitativ; T. 101, »… wenn sie dir nicht wäre von oben herab gegeben«, zu Robert Holl:)

Das ist architektonisch gemeint, ein Gewölbe.

(Chor Nr. 23, bei der Stellprobe in der Johanneskirche in Helsinki, »Weg, weg mit dem …«)

Das klingt mir zu nordisch, so wie wenn die Passion in Lappland spielen würde, tuts sie wieder nach Palästina.

(T. 69 ff.)

Alte, könntets ihr nicht wieder einmal ein Steak essen, statt diesem ewigen Lachs, es klingt so zahnlos.

(Hält das Orchester an, leiser zu stimmen.)

Das ganze Stimmen wird bei euch ein einziges Gebrüll, wie im Zoo von Helsinki!

(Nr. 23 f., Chor, »Wir, wir haben keinen König denn den Kaiser.«)

Wenn ihr das so singts, da habe ich sofort Sänger vor mir, keine Wesen …

(Jemand stellt eine Frage, N. H. schaut in die Partitur.)

Ich seh das nicht.

(Alice Harnoncourt:)

Nimm meine Brille!

(N. H.:)

Deine Brille?? Da seh ich ja alles rosarot.

(T. 10, Choral Nr. 26, »… Erschein mir in dem Bilde«)

Machen Sie da einen Pinselstrich!

Nicht einfach einen Meter Ton singen, und wo Sie ihn absetzen, ist er aus. Jeder Ton muß eine Geburt haben und einen Tod.

(Nr. 27b, Chor, »Lasset uns den nicht zerteilen«)

Da stellen Sie sich 4 Spieler vor, die würfeln. Fritz, Franz, Kurt und Sepp.

(Nr. 28, Choral, »Er nahm alles wohl in acht, in der letzten Stunde«)

Das singen wir jetzt ganz privat, wie ein Lied von Mendelssohn.

(Nr. 32, Ende Baß-Arie, »… doch neigest du das Haupt und sprichst stillschweigend: ja.«)

Das Fallen des Kopfes, das Sterben, umgedeutet in Zustimmung … das ist ein mystischer Wahnsinn.

(Nr. 33, Rezitativ Evangelist, T. 5 f., »… und die Gräber täten sich auf, und stunden auf viel Leiber der Heiligen.« Zu Kurt Azesberger:)

Sie kennen eh diese Bilder im Kunsthistorischen Museum, plötzlich macht es »plopp« auf der Wiese, und alle schauen heraus.

(Nr. 39, Chor, T. 123, Wiederholung von »Ruht wohl«)

Da muß eine caritative Gesinnung in den Chor hinein.

Es muß klingen wie Vanillesauce.

(Nr. 40, Schlußchoral, »Ach, Herr, laß dein lieb Engelein …«)

Wir sind alle hinter der Wolke, aber da gibt's kein Schleppen!

Johann Sebastian Bach
Kantate BWV 18
»Gleichwie der Regen und Schnee vom Himmel fällt«


(Nr. 3, zum Chor:)
Ihr klingts wie ausgebildete Sänger, ihr seids aber Flüchtlinge aus einer brennenden Stadt!

(»… den Satan unter unsere Füße treten …«, zum Sopran:)
Ihr wißts, da gibts diese Bilder von den Heiligen, die auf dem Rost gebraten werden, wie zum Beispiel der heilige Laurentius, oder in einem Kessel gekocht … so muß das klingen.

(ebd., zum Sopran:)
Sie zögern da immer. Sie müssen sich nur vorstellen, daß Ihr Großvater ein Leopard war, und einfach springen!

Für Bach heißt andante: gemma! Der hat ja den Schumann und den Beethoven noch nicht gekannt.


Johann Sebastian Bach
Kantate BWV 131
»Aus der Tiefen rufe ich, Herr, zu dir«


Wir müssen da irgendwie die Phantasie kollektivieren.

(»… auf die Stimme meines Flehens«, zum Alt:)
Da hängt er sich ans Gwand …

Ihr seids viel zu laut! Sonst hätt er das doch nicht für ein armes kleines Fagott geschrieben.

(Choral in der Nr. 4, zum Alt:)

Wie gealterte Sängerknaben müßts ihr das singen.

(Nr. 5, Allegro, zum Chor:)

Ihr seids immer zu spät. Wie ein halbtoter Drache, der an einer Leine nachgeschleppt wird.

(Ende, Adagio, »... aus allen seinen Sünden.«)

Da brauch ich einen Erlösungsklang!


## Joseph Haydn
## Theresienmesse

(Kyrie, T. 10 ff.)

Wie ein Behördenweg.

(T. 13)

Wenn das so weitergeht, dann müssen wir aufgeben.

(Kyrie, T. 17)

Jetzt seids ihr absolut ermüdet von den Behördengängen.

(T. 29)

Mach schon endlich was, du Marmorstatue! Was, Sie fühlen sich nicht betroffen? Das ist eine Übersetzung von: Kyrie.

(T. 65)

Das ist jetzt die Freude über die Erledigung des Gesuches.

(T. 100)

Nicht die Generalpause übermurmeln! Sie kriegen da einen Steinway-Dämpfer.

(Gloria, Anfang, auf eine Frage aus dem Orchester:)

Bei Mozart sicher nicht. Bei Haydn bin ich nicht sicher, da gibt es immer etwas, was es nicht gibt.

(T. 67)

Der Chor muß da klingen wie Weihrauch.

(T. 85, »… te laudamus, te benedicimus«)

Wenn wir den »te« schon sehen, explodieren wir vor Begeisterung.

(T. 171, »Qui tollis peccata mundi«)

Da müssen Sie sich auf die Brust schlagen, wie King-Kong auf dem Empire State Building. Hört man bis New Jersey … Sie können ruhig eine Freude haben beim Sündigen.

Wissen Sie überhaupt, was »peccata« ist? Hutmode?

(T. 201 ff., »Suscipe«)

Da brauch ich einen ganz flaumigen Orchesterklang.

(T. 210)

As-Dur ist Friedhof.

(Credo, T. 8 ff., »visibilium omnium …«)

Mehr Text. Das ist ein Haydn-Rap.

(T. 49, »Et incarnatus est«, zu den Solisten:)

Das ist eine Trauermusik für ein Kind, das hingerichtet wird.

(T. 75, zum Orchester:)
Bitte hier kein Not-Vibrato!

(»Sub Pontio Pilato«, Alteinsatz)
… und dieses Schwein ist ein Mensch!

(T. 128 ff., zu Elisabeth von Magnus:)
Der Heilige Geist ist ein Vogerl, nicht ein fliegender Elefant.

(T. 160, »Et vitam venturi …«)
Im Ewigen Leben gibt's nichts als Walzer.

Zusammensein ist kein künstlerischer Wert, Ausdruck ist wichtiger.

(Sanctus, Anfang, zum Chor:)
Großer Weihrauch.

(Zu den schleppenden Bässen:)
Weihrauch ist nie zu spät!

(Agnus Dei, T. 101, sforzato auf der 3, zum Orchester:)
Wie Furunkel, die aufplatzen und eine gräßliche Flüssigkeit verspritzen.

Franz Schubert
Lazarus

(Zu Dorothea Röschmann:)

Den Kampf mit den Posaunen sollten Sie lieber nicht aufnehmen, den verlieren Sie auf jeden Fall. Warten Sie, bis die kaputt sind, und dann …

(T. 449, zum Chor:)

Ihr müßts das viel weicher singen, zweiter Sopran, oder wie das heißt, Mezzanin oder Hochparterre …

(Alice Harnoncourt macht N. H. auf einen Fehler aufmerksam und will die Stelle wiederholen:)

Ich habe einen Takt ausglassen, ja, ich weiß, das kann ja passieren, ich falle auf die Knie und tue Buße, aber das brauch ich nicht proben.


Franz Schubert
Gesang der Geister über den Wassern

Wühlen Sie die Geister auf, daß der Schlamm spritzt! So wie diese »Zurück-zur-Natur-Menschen«, in den zwanziger Jahren hats da welche gegeben, in Italien, die sind nackert herumgehüpft, da waren die zwanzig. Jetzt sind sie neunzig und tun das immer noch.

Nicht so ein klebriger Wind, das muß immer ein Wind bleiben – nicht daß da Würmer durch die Luft fliegen!

# V. Wissen und Unschuld

»Denken Sie nicht zuviel! Wenn Sie denken, wird sowieso alles durcheinander.«
Denken ist in der Musik notwendig und nützlich. Wer wüßte das besser als Nikolaus Harnoncourt, dessen Wissen so manchen Musikwissenschafter vor Neid erblassen ließe. Sein Wissen ist allgegenwärtig und blitzt immer wieder auf: Bemerkungen am Rande, welche zum Beispiel die Lektüre von Beethovens Konversationsheften in mehreren Bänden enthüllen, das sorgfältige Studium von Biographien, Zeitdokumenten, Quellen, Autographen; penible Kenntnis von Strukturen, Instrumenten, historischer Aufführungspraxis. Wissen blitzt auf; und bleibt doch stets nur Hintergrund. Denn wie jede Kunst entzieht sich auch die Musik in ihrem innersten Wesen dem Rationalen, dem Denken.
In der Kunst ist die Kunst des Wissens: sich das Wissen im eigentlichen Sinn des Wortes einzuverleiben; es aus der Ebene des rein Verstandesmäßigen zu lösen und mit dem Vitalen, dem Fühlen, dem Empfinden, mit dem intuitiven Wahrnehmen verschmelzen zu lassen.
So wichtig es ist, Musik zum einen denkend zu durchdringen, so wichtig ist es zum anderen, nicht zu denken, wo Denken den schöpferischen Prozeß behindern, ja verhindern würde. Im alles entscheidenden Moment, in dem Augenblick nämlich, in dem Kunst entsteht, muß der Musiker fähig sein, auf das Denken zu vergessen; sich gleichsam wieder in einen Zustand der Unschuld fallen zu lassen, in das Unbewußte, das Irrationale, aus welchem jede Kunst schöpft.
Nehmen wir Kyrie. In Meßkompositionen der Musikgeschichte und innerhalb jeder dieser Meßkompositionen unzählige Male vertont.
Kyrie. Kyrie eleison. Wie ist es zu verstehen?
Ja, es heißt stets dasselbe. Herr, erbarme dich. Doch was ist seine Bedeutung?
Es hat jedes Mal eine andere Bedeutung. Hier ist es Flehen, dort Zorn, einmal drückt es Verzweiflung aus und einmal Hoffen; einmal den Glauben ans Erhörtwerden, ein anderes Mal tiefe Resignation; einmal ist es als Frage, einmal als Ruf, dann wieder beinahe als Befehl zu verstehen; oder gar als Vorwurf? Schwingt Enttäuschung mit? Kummer? Zweifel? Oder überwiegt die vorsichtige Freude? Weder die Musikwissenschaft noch die Linguistik wird eine Antwort darauf finden.
Mit Verstand allein ist Musik nicht zu verstehen. Musik beginnt dort, wo das Denken aufhört.

JOSEPH HAYDN
Heiligmesse

(Probe im Musikverein, zu E. O., der im Saal sitzt:)
Die Balance ist o.k. so, nehme ich an …
(E. O.:)
… na ja, das Orchester …
(N. H., zum Chor:)
… na ja, wenn ich auf ihn hören würde, würd ich überhaupt kein Orchester mehr hören …

(Kyrie, Anfang)
Ich sag dem Orchester immer: Nichts in die Noten schreiben. Es geht ja immer um Grundsätzliches, und wenn man sich's einschreibt, bei einer Stelle, dann merkt man sichs nicht und machts bei der nächsten Stelle erst recht wieder nicht.

(T. 7)
Die Alt-Locke, in Takt sieben: beim Haydn stehen da zwei Punkte auf den Sechzehnteln.

(T. 13–20)
Die beiden »Kyrie eleison« – das drückt Erfüllung – Nichterfüllung aus, die zwei Takte dazwischen, nach dem Trugschluß, die heißen: ojeojeoje.

(T. 27, Synkope)
Viel feuriger, Alte, Sie kriegen ja immer eingeheizt von den Geigen!

(Fugenthema Kyrie, T. 35 ff., zu den Chorbässen:)
Irgendwie ist das nicht echt, klingt so – profimäßig.

(T. 57 ff., chromatischer Abstieg im Sopran und Alt)

Verzweiflung über die Nichterfüllung! Heulen! Ich dreh durch! – Nur der Tenor darf ein bisserl schön sein.

(T. 61)

Jetzt zwei Takte ganz lieb.

(T. 64)

Da müssen Sie wie ein Vulkanausbruch sein!

(T. 79/80)

Das ist F-Dur. Weihnachten.

Das muß sehr verschieden sein, Kyrie und Christe. Kyrie, das ist der unerbittliche, steinerne Gott, und Christe ist einer, von dem man was bekommen kann, wenn man bittet. Auch wenn man's nicht verdient. Sie sagen das fast wie zu einem guten Freund.

(T. 99 ff., »Domine Filii unigenite«, zu Anton Scharinger und Herbert Lippert:)

Das klingt jetzt wie so ein grantiger Vater, es muß aber ein liebevoller sein.

(T. 113, Pause mit Fermate zwischen »Kyrie« und »eleison«)

Was ist jetzt … rührt er sich – oder ist er wirklich aus Stein?

(T. 115, Fermate)

Es ist nicht zu fassen!

(T. 128, »Kyrie«)

Bässe! Richtig schreien! Es klingt sonst wie ein harmloser Feuersalamander gegen ein Krokodil.

Schreien ist verboten, ich weiß, aber es ist richtig. Ich finde schon, daß ein Chor schreien darf … aber ich bin ja kein Inhaber eines Chores.

(Gloria, Anfang)

Das zweite »Gloria« muß stärker sein als das erste, und das dritte noch stärker; das ist, wie wenn Sie mit einem Hammer einen Pfahl in die Erde schlagen: mit dem ersten Schlag richten Sie ihn zurecht, und dann holen Sie immer weiter aus.

(T. 21 ff., »bonae voluntatis«)

Da wird der Haydn sehr persönlich. Ganz zärtlich. Alles wird gut.

Wenn Sies so machen könnten, daß man's nicht merkt, wärs schön, wenn Sie die Synkope ein bißchen zu früh singen könnten.

(T. 67 ff., »Gratias agimus tibi«, zu den Solisten:)

Ihr schwebts da wie die Seraphime, die haben keine Beine, aber sechs Flügel, und die schauen einen immer an, egal, ob man da oder dort steht.

(T. 93, »Deus Pater omnipotens«, zu den Sopranen:)

Nicht gleichmäßig singen, die Achtel! Die haben ja eine Rangordnung, die höchste hat eine emphatische Betonung.

(T. 139 ff., »Qui tollis peccata mundi«)

Wieso singts ihr da legato? Was, ihr habts da einen Bogen drüber??
(E. O.:)

Das ist ein Silbenbogen.
(N. H.:)

Ein Silbenbogen??? Diese Herausgeber sind wirklich Weltidioten!! Silbenbogen! Halten die die Sänger wirklich für so blöd, daß sie nicht wissen, wann die nächste Silbe kommt?? Komponisten haben noch NIE Silbenbögen geschrieben. Die haben ja nicht mit Affen gearbeitet!

»Pec-ca-ta« – das müssen Sie wie Südländer singen, die sich an die Brust schlagen, mit Steinen, womöglich, wie der Hieronymus.

(T. 153 ff., »miserere«)

Da müßte der ganze Chor gelb aufglühen: ihr zerreißts gerad jemandem das Gwand, damit er endlich zuhört.

(T. 156, »miserere«)

Und da ist wieder Hoffnung …

Ich erwürg diese Herausgeber, wenn ich sie treff; ich könnt mich grün und blau ärgern über diese Silbenbögen. Was heißt so ein Silbenbogen? »Singts in einer Wurscht!« – Wo sind eigentlich die Silbenbögen beim Orchester???

(T. 239, Tenor verpaßt den Fugeneinsatz.)

Na gehts, der vifste Chor der Welt, und singt nicht.

(T. 266 ff., Fuge, unterbricht, zum Chor:)

Es ist schon sehr gut … nicht schlecht … fast sehr gut.

(Credo, Anfang)

Etwas muß von euch ausgehen. Eine Gewißheit.

(T. 5 ff., »Patrem omnipotentem, factorem coeli et terrae«, zum Chor:)

Ihr singts: Der hat alles gemacht. Homework. Und das Orchester macht die Nutverbindungen.

(T. 14 f.)

Das sprechen Sie mir zu schön, das »Invisibilium«.

(T. 28 ff., »ante omnia saecula …«)

In dem Moment, wo sich das auffächert, das Unisono, müßte bei Ihnen der Genuß der Harmonie kommen.

(T. 39 ff., »Genitum, non factum, consubstantialem Patri: per quem omnia facta sunt.«)

Der ganze Chor findet das witzig, daß er »genitum« ist und nicht »factum«, daß er gezeugt und nicht gemacht und einfach plötzlich so da ist.

(T. 44 ff., »Qui propter nos homines et propter nostram salutem descendit de coelis.«)

Da wird's wieder ernst.

(T. 60 ff., »Et incarnatus est«, Elisabeth von Magnus singt zusammen mit der Klarinette.)

Wartets, da muß ich was erfinden … Elisabeth, könntest du da bitte ein Klarimezzo sein? Es muß klingen, wie wenn ihr beide zusammen ein einziges Instrument wärts.

(Zu den Geigen:)

Ein Pizzicato, bei dem alle zusammen sind, ist schrecklich. Ihr dürfts nicht den Versuch machen, zusammen zu sein, und nicht den Versuch, auseinander zu sein.

Wie wenn ein alter Tiroler Bauer Harfe spielt.

Das Incarnatus hat in dieser Messe dasselbe Motiv wie das Crucifixus; das ist sehr ungewöhnlich, und das muß man hören; Sie kennen wahrscheinlich diese ganz alten Krippen, wo im Stall, neben dem Jesuskind, ein Kruzifix hängt, als Symbol für das Kommende.

(Zu Cecilia Bartoli, Elisabeth von Magnus und Chorsolistin Elena Cupons:)

It is the only Et-Incarnatus in music history which is a peasant scene. I think you can imagin it with 100 Mandolines. You are 3 peasant girls, direkt von Stainz.

Und der Bauerntanz muß vom Kontrabaß ausgehen.

(T. 77 ff., »Et homo factus est«, zu den Solistinnen:)

Das ist jetzt ein alpenländischer Tanz.

(T. 85 ff., »Crucifixus etiam pro nobis sub Pontio Pilato«, zu den Solisten:)

Mulm! Das soll klingen wie drei Wolfsrachen aus der HNO-Abteilung.

(T. 92 ff., »Passus et sepultus est«, zum Chor:)

Wie tot.

(T. 107 ff., »Passus et sepultus est«, zum Chor:)

Wärme. Intensität. Zärtlichkeit.

(T. 141 ff., »Judicare vivos et mortuos«, unterbricht, zum Chor:)

Sie sind Verteidiger, oder? Sie hauen jeden raus … Aber nein! Sie sind Staatsanwälte!! Sie bringen alle in die Hölle!!!

(Probe im Musikverein, Großer Saal. Jemand kommt in den Saal.)

Wer ist denn da hereingekommen? Muß ein Mann sein. Weil alle Frauen plötzlich hinsehen. Ein ganz ein schöner … Johnny Depp …?!

(T. 166 ff., »Et in Spiritum sanctum, Dominum, et vivificantem …«)

Normalerweise ist er ja immer ein Vogerl, der Heilige Geist, aber hier sind das Insekten … können Sie das bitte singen wie tanzende Libellen?

(T. 210 ff., »Et exspecto resurectionem«)

Ich will auch mittanzen!

(T. 222 f., Anfang Fuge »Et vitam venturi saeculi, amen.«)

Habts ihr achtzig Prozent Amerikaner im Chor?? Nein? Klingt aber so … Ed vidam …

Die ist mir zu bequem, die Fuge. Im Moment habe ich das Gefühl, daß ihr alle noch am Kaiblstrick hängts.

(Probe in Stainz, unmittelbar nach Ende der Fußball-WM)

Köpfeln, die Synkopen. Das haben Sie doch jetzt wochenlang im Fernsehen gesehen.

(T. 310 ff., »Et vitam venturi saeculi, amen.«)

Ganz innig, ganz weich! Das ist der Kindergarten vom Himmel, nein, die Baby-Krippe, fast wie ein englisches Lullaby.

Aber das muß vom Chor so klingen, als würdets ihr Babies gern haben. Ihr zermatschkerts ja eure Babies! … Wieso lachen da die Mütter? Komisch …

(Sanctus, Anfang, »Sanctus, sanctus, sanctus Dominus Deus Sabaoth.«)

Die dürfts ihr nicht gleich singen, die drei Sanctus. Ehrfurcht, ist das hier. Ihr wißts schon, das englische »Awe«: zugleich etwas Tolles und Schreckliches, Sie wissen nicht genau, ob Sie sich freuen sollen oder fürchten.

(Benedictus)

Sie wissen ja, da gibt's grundsätzlich zwei Möglichkeiten beim Benedictus. Entweder es ist eine Elevationsmusik oder ein festlicher Einzug. Das hier ist sicher keine Elevation. Das hier ist ein festlicher Einzug, vielleicht nicht gerade auf einem weißen Pferd und in prächtigem Gewand; eher jämmerlich gekleidet und auf einem Esel. Aber es ist festlich, da wird jemand freudig empfangen. Wie eine große Geburtstagsfeier.

Es ist ein Empfangsjubel im Piano. Wie wenn Sie von ganz weit weg Forte singen würden.

(T. 13 ff.)

Nein! Ich höre da eine nicht hart gewordene Geburtstagstortenglasur.

(Agnus Dei, Anfang, Geigen-Pizzicato)

Die ersten zwei Takte heißen: Not.

(T. 20/21, Orchester-Zwischenspiel, Sechzehntel in den Geigen:)

Das heißt: bittebittebitte.

(T. 22 ff., »Agnus Dei, qui tollis peccata mundi, miserere nobis«)

Jeder von Ihnen ist ein Hieronymus, und jeder hat ein Riesen-Murnockerl in der Hand. Die Steirer unter Ihnen wissen, was ein Murnockerl ist, so ein großer runder Stein. Mit dem schlagen Sie sich an die Brust. Schauen Sie sich das an im Kunsthistorischen Museum, es hat heute offen!

Mit jeder Wiederholung von »Agnus Dei« muß Ihr Aufschrei intensiver werden.

(Forzato in T. 38, zum Chor:)

Man muß das Gefühl haben, Sie haben da einen Knödel in der Kehle, den Sie unbedingt rauswerfen müssen.

(T. 47 ff., »Dona nobis pacem.«)

Das ist nicht lustig! Jetzt ist Krieg!


# Joseph Haydn
Mariazellermesse


(Gloria, Anfang, zum Chor:)

Geschmettert! Da muß Goldstaub aus der Trompete fliegen!

(T. 31, »Adoramus te«)

Können Sie da bitte mehr Weihrauch dazugeben?

(»Et incarnatus est«, zu Herbert Lippert:)

Das ist ja der Witz, daß er via Heiliger Geist incarnatus est! Das muß man hören.

(»Et vitam venturi«, zum Chor:)

Bitte, das ewige Leben ist lustig!!

(Benedictus, T. 75 ff., zum Orchester:)

Ganz jämmerlich! Er kommt doch auf einem Esel.

# VI. Die Eindeutigkeit der Mehrdeutigkeit

Piano, Mezzoforte, Forte. Das sind eindeutig eindeutige Anweisungen. Und dennoch entfuhr es einmal einem Musiker im Orchester auf die Aufforderung, piano zu spielen: »Aber wir spielen doch eh schon leise!«

Vanillesauce, Muttertag, Nilpferdkuß – hier handelt es sich eindeutig um mehrdeutige Andeutungen. Oder doch nicht? Seltsamerweise kam nämlich niemand je auf die Idee, sich oder andere zu fragen: Wie küßt ein Nilpferd, wie klingt Muttertag, und wie, bitte, singe ich Vanillesauce?

Was ist also eindeutiger: Piano oder Muttertag?

Ganz eindeutig: Es ist die falsche Frage.

Es geht gar nicht um Eindeutigkeit. Die Kunst besteht ganz im Gegenteil darin, Mehrdeutigkeit zu schaffen. Eine Mehrdeutigkeit, welche kollektive Vorstellungen hervorruft, die einander gerade ausreichend ähnlich sind und zugleich gerade im richtigen Maß voneinander verschieden. Zu große Ähnlichkeiten zerstören Mehrdeutigkeit ebenso wie allzu große Unterschiede. Es ist eine Wanderung auf einem schmalen Pfad. Musikalische Termini technici sind Wegweiser, nicht mehr und nicht weniger; unendlich vieldeutig einerseits und andererseits nackt und für sich genommen, ohne Inhalt.

Pianissimo, könnte man schlicht sagen, dort, wo Haydns Schöpfung formlos daliegt, ohne Gestalt und leer. Doch Nikolaus Harnoncourt sagte an dieser Stelle:

»Das ist Sibirien.«

Er überrumpelt das Denken, entfesselt die Phantasie und kollektiviert sie im selben Augenblick; er skizziert einen künstlerischen Spiel-Raum für die am musikalischen Schaffensprozeß Beteiligten; es gelingt ihm, die Phantasie der Musiker und Sänger so zu entfalten, so in Bahnen zu lenken und doch so frei spielen zu lassen, daß die Bilder, die sie nun ihrerseits schaffen, dem inneren Bild des Dirigenten wie auch einander ähneln, ohne daß eines dem anderen jemals gleicht.

Dies wiederum entfacht die Phantasie des Zuhörers; er erlebt etwas, was er zu kennen glaubt, aber es ist doch anders; er empfindet spontan Vertrautes, ihm wundersam Verwandtes, das ihm dennoch stets genügend rätselhaft bleibt, um ihn in atemloser Spannung zu halten und immer aufs neue zu überraschen.

»Und jetzt: Schlafzimmer.«

Kunst entsteht, wenn alles gesagt wird und zugleich alles offen bleibt.

JOHANN SEBASTIAN BACH
Weihnachtsoratorium

(Nr. 36, Chor, T. 97 ff., »Gottes Sohn will der Erden Heiland und Erlöser werden …«)
Das müßts ihr leichter singen. Luftig. Wie einen Hauch.

(Nr. 42, Choral, »Jesus, richte mein Beginnen, Jesus, bleibe stets bei mir, Jesus, zäume mir die Sinnen, Jesus, sei nur mein Begier.«)
Das ist ein Tanz …

(Nr. 43, Chor, T. 16 ff., »Ehre sei dir, Gott, gesungen …«)
Haben Sie keine Flügel? Engel sind das hier!

(Nr. 46, Choral, »Und herrlichs Licht wir ewig schauen«)
Das muß klingen wie – Muttertag.

(Nr. 54, T. 48 ff., »Herr, wenn die stolzen Feinde schnauben …«)
Stolz schon, aber ja nicht zu laut.


JOHANN SEBASTIAN BACH
Matthäus-Passion

(N. H.:)
Nein, die Herren nicht im Frack; Frack ist keine Kleidung für eine Matthäus-Passion, auch nicht am Abend.
(Marjana Lipovsek:)
Aber lange Kleider dürfen wir schon …

(N. H.:)

Ja, ihr seids ja keine Herren.

(Nr. 1, Eingangschor, T. 28, zum Chor I:)

Sehet! Wen? Den Bräutigam! Singen Sie den Bräutigam doch nicht so, als wären Sie ein Beamter von der Grundbuchbehörde.

(Zum Chor II:)

Und das »wen« ist mir zu aggressiv; Sie sind ja Heiden … Stellen Sie sich vor, so ein Apollo mit den neun Musen – sehr interessanter Mann.

(E. O. will die Sängerknaben auf den Orgelbalkon stellen.)

Sängerknaben? Da oben?? Nein. Kommt nicht in Frage. Ich laß auch den Geigensolisten nicht aufstehen; machen viele – is wie im Kaffeehaus …

(T. 37, »Wie?«, zum Chor II:)

Habts ihr noch drei Prozent? Drei Prozent ist doppelt so laut. Wenn ihr Physiker unter euch habts – die können euch das bestätigen.

(Nr. 4d, Chor, »Dieses Wasser hätte mögen teuer verkauft und den Armen gegeben werden …«, zum Chor I:)

Das ist mir zu akademisch. Es muß mehr so klingen: Dieses Wasser hätten wir verscherbeln und uns einen Mercedes kaufen können.

(Nr. 7, Rezitativ, T. 4 f., Judas: »Was wollt ihr mir geben? Ich will ihn euch verraten.« Zu Adrian Eröd, der Pilatus, Judas und Petrus singt:)

Das ist schwer, Sie können Ihre Stimme ja nicht verändern. Vom Ausdruck her würde ich sagen: Pilatus – polizeimäßig. Judas – aalglatt. Petrus – eher muskulös.

(Nr. 9b, Chor, »Wo willst du, daß wir dir bereiten, das Osterlamm zu essen.«)

Ganz zart! Der Osterlammsaal, das ist offenbar ein ganz intimes, schönes Lokal …
Drei Husaren?

(Nr. 9c, Chor, »Herr, bin ich's?«)

Das »Herr« lauter. Wie ein kleiner Hund müssen Sie sein, der bellt, weil er nicht will, daß jemand in die Wohnung kommt; so ein Zwergrattler.

(Nr. 13, Choral »Ich bin's, ich sollte büßen …«)

Nein, das ist nicht überzeugend. Die Proben und die zwei Konzerte, da müssen Sie voll gläubig sein, da hilft alles nichts.

(Nr. 11, Rezitativ, T. 13 ff., Judas: »Bin ich's, Rabbi?«, Jesus: »Du sagest's.« Zu Matthias Goerne:)

Ihr bester Freund hat Sie verraten! Sie müssen da antworten: Genau, genau, frag nicht so blöd!

(T. 25, zwischen: »Trinket alle daraus« und »das ist mein Blut«, zum Orchester:)

Es gibt eine Figur, die bedeutet Schale, ein Gefäß, in dem man etwas schenkt; die kommt dann noch einmal in der Sopran-Arie\*; Sie müssen sie so spielen, daß man's wiedererkennt, wenn es wiederkommt.

\*»Ich will dir mein Herze schenken, senke dich, mein Heil, hinein.«

(Nr. 15, Choral, »Erkenne mich, mein Hüter, mein Hirte, nimm mich an!«)

Das bezieht sich auf die Emmaus-Szene, die hat etwas ungeheuer Berührendes an sich; Sie müssen das kräftig singen, aber zugleich rührend.

(Nr. 16, Rezitativ, Petrus: »Wenn sie auch alle sich an dir ärgerten, so will ich doch mich nimmermehr ärgern.« Zu Adrian Eröd:)

Da muß man das Gefühl haben, das ist ein Choleriker; Sie wissen ja, in jeder Gruppe gibt es einen, der immer einen Wirbel macht, das ist der Petrus.

(Nr. 18, Rezitativ, T. 6, Jesus: »Setzet euch hie, bis daß ich dort hingehe und bete.« Zu M. G.:)

Bitte hier kein Ritenuto, er betet nur EIN Vaterunser und nicht zehn.

(T. 11 ff., Jesus: »Meine Seele ist betrübt bis an den Tod«, zum Orchester:)

Die Sache ist die: Es handelt sich hier um Traurigkeit. Traurigkeit hat ein langsames Bogenvibrato, Schmerz ein schnelles.

(Nr. 25, Choral, T. 11, »… und züchtiget mit Maßen.«)

Denken Sie an die Prügelstrafe. Die kommt von den Bratschen.

(Nr. 27a, Arie für Soli und Chor, T. 17, Einsatz Sopran, »So ist mein Jesus nun gefangen.« Zu Dorothea Röschmann:)

Fangen Sie da ganz leise an, so leise, daß man denkt, eine Flöte hat plötzlich einen Text.

(T. 57 ff.)

Das klingt so zufällig. Wichtig ist aber, daß der Zufall kollektiv ist …

(Generalprobe im Musikverein, zum Chor:)

Stehts auf oder setzts euch nieder, das irritiert mich, wenn da immer ein Sessel kracht. Oder ein Hüftgelenk.

(Nr. 27b, Chor, »Sind Blitze, sind Donner in Wolken verschwunden?« T. 95, synkopierte »Blitze«)

Da muß der Zuhörer einen Elektroschock kriegen.

(Nr. 29, Choral, »O Mensch, bewein dein Sünde groß«, Sopran-Einsatz T. 17; zu den Sängerknaben, auf die goldenen Tier-Köpfe im Gebälk des Großen Musikvereinssaales deutend:)

Könnts ihr das »O« so singen, also ob ihr so goldene Drachen wärts?

(T. 21 ff., »… bewein dein Sünde groß«)

Bitte kein akademisches Barockweinen!

(T. 65 ff., »… und legt darbei all Krankheit ab.«)

Das klingt mir zu gesund, im Chor. Da muß wirklich ein Bild von Krankheit entstehen. Bei den Tenören in der Lebergegend.

(T. 95, »… wohl an dem Kreuze lange.«)

Bässe, Vorsicht! Wenn Sie das ein Atom zu laut singen, klingen Sie sofort wie ein Matrosenchor.

(Nr. 30, Aria, zum Orchester:)

Das ist eine Sarabande. Ein total verbotener Tanz. Wissen Sie, was man in Spanien mit denen gemacht hat, die man beim Sarabande-Spielen erwischt hat? Man hat ihnen die Hände abgehackt … ich sag Ihnen das nur, damit Sie wissen, wie Sie das spielen sollen.

(Nr. 33, Rezitativ, Evangelist: »Zuletzt traten herzu zween falsche Zeugen und sprachen.« T. 5 ff., Duett, Zeugen: »Er hat gesagt …«, zu Elisabeth von Magnus und Markus Schäfer:)

Der zweite Zeuge darf noch nicht genau wissen, was er sagt. Die beiden sind von der Straße geholt worden, und nur der erste hat den Text bekommen. Der zweite sagt ihn nach – das muß so ein bißchen dümmlich klingen.

(T. 17, Evangelist: »Aber Jesus schwieg stille.« Zu Christoph Prégardien:)

Da sollten Sie nicht zu leise singen. Das müßten Sie nur, wenn wir vorher keine Stille machen würden; machen Sie keine Stille – sonst haben wir zwei Stillen.

(T. 34)

Vorsicht! Die Orgel frißt das Fagott.

(Nr. 36a, Rezitativ, T. 2 ff., Pilatus: »Ich beschwöre dich bei dem lebendigen Gott, daß du uns sagtest, ob du seiest Christus, der Sohn Gottes?« Zum schlanken Adrian Eröd:)

Das müssen Sie so singen, wie wenn Sie mindestens doppelt so viele Kilos hätten; das ist ein uralter Amtsträger, schon mindestens 40 Jahre in Amt und Würden …

(T. 11, Jesus: »… und kommen in den Wolken des Himmels«, zum Orchester:)

Es ist nichts dagegen einzuwenden, wie Sie das spielen.
Aber es sind keine Wolken.

(Nr. 36c, Rezitativ, »Da speieten sie aus in sein Angesicht«, Anfangston im Cello, zu Franz Bartolomey:)
Länger, diesen Ton! Spucken tut man ja auch nicht ganz kurz.

(Nr. 41a, Rezitativ, Judas: »Ich habe übel getan, daß ich unschuldig Blut verraten habe.«)
Ich würde sagen: ein Geschäftsmann …

(Nr. 46, Choral, Anfang, »Wie wunderbarlich ist doch diese Strafe!«)
Nein, das ist noch nicht wunderbarlich. Genießen Sie die Harmonie – die ist ja das Wunderbarliche.

(Nr. 53b, Chor, »Gegrüßet seist du, Jüdenkönig!«)
Zuckersüß. Das muß ein zusammener Einsatz in Schleimform sein!

(Nr. 58b, Chor, Ende, zu Herbert Tachezi:)
Bitte, Herbert, spiel da mit zwölf Fingern.

(Nr. 61d, Chor, »Halt, laß sehen, ob Elias komme und ihm helfe?«)
Mit einem leichten Grinsen.

(Nr. 66b, Chor, T. 20 ff., »Ich will nach dreien Tagen wieder auferstehen.«)
Nicht zuviel sprechen, Sie malen da eine Erregung, ein Volksgemurmel!


## Wolfgang Amadeus Mozart
Vesperae solennes de confessore, KV 339

(Nr. 1, Dixit, T. 88 ff., »… implebit ruinas …«)
Schiach!

(T. 92 f., »… conquassabit capita …«)

Böse!

(T. 100 ff., »… de torrente in via bibet …«)

Glücklich!

(T. 130 ff., »… sicut erat in principio et nunc et semper …«)

Selbstzufrieden sind Sie da: »So ist es gut, so soll's bleiben.«

(Nr. 3, T. 30 ff., »Beatus Vir«, zum Orchester:)

Bitte sanftlustig.

(T. 125 ff., »Peccator videbit et irascetur, dentibus suis fremit …«)

Richtig mit den Zähnen klappern müssen Sie da!

(Nr. 4, Laudate pueri, T. 26 ff., absteigende Viertelbewegungen, »Quis sicut Dominus Deus noster …«)

Das muß klingen wie Lawinen.

(T. 124 ff., »Gloria patri et filio …«)

Da muß man hören, wie Ihnen die Haare zu Berge stehen.


# Wolfgang Amadeus Mozart
## Regina coeli in B, KV 127

(T. 25 f. »Regina coeli …«)

Das muß eine Steigerung sein, coeli. Es ist ja viel mehr, als wenn sie nur eine normale Regina wäre.

(Auftakt zu T. 49, »al-leluja«)

Da müssen Sie wegspringen wie die Heuschrecken; wenn Sie da so hinüberkriechen, klingt das wie Hirschkäfer.

(T. 62, Sechzehntel-Verzierung auf »laetare«)

Tenöre, können Sie da noch etwas Pikantes hinkriegen?

(Andante, T. 14 ff., Sopran-Solo, zu Christina Maria Kier:)

Sehen Sie, die Idee ist: Ein kleines Mädchen ist ungeheuer begeistert von dieser Frau.

(Auf die Frage, wie »Alleluja« zu betonen sei:)

Wie ein Linguist, der ein Wort mit vier Silben hat und nicht weiß, wie man das betont. Also probiert er alles aus.

FRANZ SCHUBERT
Missa in Es-Dur

(Kyrie, T. 60 ff., zu den Kontrabässen:)

A little bit abfedern!

(Gloria – Allegro moderato e maestoso:)

Ich finde ganz viele Gründe dafür, daß Schubert recht hat mit seinem Tempo.

(Gloria, Anfang, zum Chor:)

Singts das bitte nicht wie die Angels of duty, die schon drei Stunden Lobgesangdienst hinter sich haben.

(T. 141 ff., »... glorificamus, laudamus te!«)

Schwenken Sie das Weihrauchfaß!

(T. 251 ff., »Quoniam tu solus altissimus«)

Verwaschener! Vierdimensional. Ein sprachloses Gemurmel.

(T. 260, Baß-Einsatz der Cum-Sancto-Spiritu-Fuge)

Bitte nicht röcheln, Bässe!

(T. 355 ff., Fuge, »Cum sancto Spiritu …«)

Stile antico.

(T. 388, Fugen-Reprise)

Now jump into a modern century.

(Credo, Anfang, zum Orchester:)

When the winds come in, don't play too fesch.

(Schweller im ersten Credo-Einsatz:)

Das soll klingen wie eine Geschwulst, ja, aber noch nicht ein Eiter-Wimmerl!

(T. 21 ff., zum Chor:)

Visibilium, invisibilium – das darf nicht so klingen wie: »Pommes frites oder Reis?«

Die wichtigsten Dinge sieht man gar nicht.

(Sanctus, Anfang)

Bitte nicht so wie alter Senf aus der Tube!

(T. 146, »Et incarnatus est«, zu Wolfgang Holzmair:)

So, als würden Sie es selbst nicht glauben: »Daß es das gibt …«

(T. 162, erster Tutti-Einsatz im Crucifixus)

Singts das doch nicht wie ein Opernchor – den ganzen Abend versteht man kein Wort, und dann singen sie plötzlich »ci«!

(T. 164, »… sub Pontio Pilato«, zu den Geigen:)

Fast trommeln, wie bei einer Exekution.

(T. 232 ff., »Judicare vivos et mortuos«)

Gerichtsszene. Todesurteil.

(Benedictus, T. 112 f., Fugeneinsatz, zu den Bässen:)

Like you roll a ball down the stairs of Schönbrunn.

(T. 198, zum Orchester:)

Das Ces ist wie ein schwarzes Segel, das am Horizont sichtbar wird.

(Agnus Dei, Anfang, zum Orchester:)

The Crescendo must be formed of Decrescendi.

(T. 191 ff., Reprise)
A good trace faster then the first Agnus.

(Nach einer Unterbrechung im »Et Vitam«:)

Das brauch ma nicht noch einmal –

(zum Orchester gewandt:)

– das ist ja der intelligenteste Chor der Welt.

FRANZ SCHUBERT
Missa in As-Dur

(Kyrie-Einstieg, zum Chor:)
Nicht hereinschlurfen!

(Gloria – Aufstieg Adoramus, zum Orchester:)
Achtung, great Achtung!

Unfälle sind das einzig Interessante im Leben.

(Anfang »Agimus tibi«)
Ganz flaumig! … Ihr betets ja ein Rhinozeros an!

(Ende »Agimus tibi«:)
Da müßt ihr singen wie zu früh mutierte Sängerknaben.

(Nach einer Anmerkung zum Chor:)
Er (E. O.) is eh nicht da, da könnts ja einmal auf mich hören.
(Nach vergeblicher Suche nach E. O.:)
Wo ist er? In der Technik? Macht er ein Zweitstudium?

(Aufstieg »Tu solus« im Domine Deo:)
… wie ein Superorganist mit zwölf Fingern und drei Beinen.

(Gloria, T. 504, »Cum Sancto Spiritu«, zum Chor:)
Nicht überartikulieren. Sie singen ja aus dem Jenseits.

(Im Credo, zum Orchester:)
Too much wischi-waschi it was for me.

(Ende Credo:)

It should be like moving MÖBELS.

(Osanna)

Wie ein Hornist auf einem Pferd.

(Agnus Dei, T. 89, »pacem«)

Balsam.

FELIX MENDELSSOHN-BARTHOLDY
Ein Sommernachtstraum

(Nr. 3, zum Chor:)

Die Geister haben doch keine Gaumen, oder so was, die arbeiten mit so nebulosen Organen.

(Zum Orchester:)

This should sound like killerbees!

(Jemand gähnt im Orchester)

It is a bit early to be tired.

# VII. Rhythmus, der sechste Sinn

Manches von Menschen Geschaffene wird uns niemals langweilig. Ein bestimmtes Bild, ein Buch, ein Stück Musik. Wir können es sehen, lesen, hören, sooft wir nur wollen, es erweist sich als unerklärlich widerstandsfähig gegen jeden Gewöhnungseffekt. Es ist immer wieder neu.
So wie Natur. Stundenlang können wir vor einer lose zusammengefügten Steinmauer sitzen, ohne uns im mindesten zu langweilen. Wir können uns nicht satt sehen. Wer könnte je für den gleichförmigen und doch stets wechselvollen Wellenschlag des Meeres unempfänglich werden? Oder dem flackernden Schein einer brennenden Kerze widerstehen? Anderes erfüllt uns schon beim ersten Hinsehen mit unerträglicher Langeweile. Eine Betonwand. Im Staubecken gefangenes Wasser. In einer Energiesparlampe gebündeltes Licht.
Und doch haben wir zweimal Stein, zweimal Wasser, zweimal Licht.
Der Unterschied liegt im Wie. Und das Wie ist untrennbar mit dem Was verbunden: Es gibt nicht hier das »Wie« und dort das »Was«. Wie und Was sind eins, erst das Wie macht das Was zu Etwas.
»Was« ist Substanz. »Wie« ist Rhythmus.
Rhythmus gliedert die Substanz in Raum und Zeit, stetig wiederkehrend zwar, wie das Metrum, doch nur in ähnlichen, niemals in gleichen Zeitabständen; in ähnlichen, doch niemals in gleichen Mustern; unvorhersehbar und unberechenbar; wie der Flügelschlag eines Vogelschwarms; das Wogen eines Kornfelds; das Wellenspiel des Meeres.
»Rhythmisch ist nicht metrisch!«
Rhythmus ist Lebendigkeit, subtile Unregelmäßigkeit; im natürlichen wie auch im künstlerischen Gebilde erfüllt er die kleinste Einheit und das Ganze. Die unmerklich merkliche Ungleichmäßigkeit des Rhythmus ist Wesensmerkmal des Natürlichen, so wie sie das Wesen des wahren Kunstwerks bedeutet.
»Wenn Sie's so machen könnten, daß man's nicht merkt, dann wär's schön, wenn Sie die Synkope ein bißchen zu früh singen würden.«
Rhythmus ist allen unseren fünf Sinneswelten eigen und diesen zugleich übergeordnet: Er ist unser sechster Sinn. Wie jede Sinnesempfindung läßt Rhythmus sich nicht eindeutig beschreiben. Und doch spüren alle eindeutig, wenn er da ist.
»Das Ziel ist überhaupt nicht, zusammen zu sein; das Ziel ist, daß es gut ist, und wenn es gut ist, dann ist es von selbst zusammen.«

## Johann Sebastian Bach
## Messe in h-Moll

(Kyrie, Nr. 3, T. 43)
Freudig! Sie freuen sich darauf, daß Ihre Bitte erhört wird.

(Gloria, Nr. 5, T. 24 f., »Et in terra pax hominibus …«, Fugeneinsatz, zum Alt:)
Nicht Synkopen singen!! Schweben Sie hinter einer Wolke!

(T. 34 ff.)
Sie müssen bei jeder Synkope hinter jeder Hausecke einen neuen Frieden finden.
Und schon wieder einer … und noch einer!

(T. 26 »… bonae voluntatis«)
Ganz zarte Zuckerl kriegen die, die bonae voluntatis sind.

(Gloria, Nr. 7, »Gratias agimus tibi«)
Das »Gratias« kommt in drei Wellen, die nächste ist immer stärker als die vorhergehende.

(Ende)
Bitte ohne Verstopfung oder Preßwehen in den Schlußakkord hineingehen!

(Gloria, Nr. 9, »Qui tollis peccata mundi«, zum Chor:)
Da müssen Sie immer die Flöten hören, sonst sind Sie zu laut. Wozu hätte der Bach sie denn komponiert, wenn er nicht wollte, daß man sie hört?

(Credo, Nr. 1, Tenoreinsatz »Credo«)
Eine Benediktiner-Horde italienischer Provenienz.

(Credo, Nr. 4, »Et incarnatus est«, Alteinsatz T. 4/5)
Lassen Sie sich auf die Eins fallen.

(Credo, Nr. 6, T. 10, »Et resurrexit«, zum Alt:)
Da müssen Sie alle die Gänsehaut kriegen.

Machen wir die Wurlstelle noch einmal!

(Credo, Nr. 9, T. 52 ff.)
Orchester, bitte weiterwurln!


## Georg Friedrich Händel
Messias

(N. H., nachdem er dem Chor das Wesen des Werkes erklärt hat:)
… aber ich werd jetzt nicht mehr so viel schwafeln …

(Symphonie Ende)
Kein Ritenuto!!
(Läßt die Stelle wiederholen)
Na, jetzt klingt es so, als hätte Ihnen gerade jemand gesagt: »Kein Ritenuto!«
So viel Ritenuto, wie man macht, wenn man kein Ritenuto macht.

(Nr .3, Anfang, »Ev'ry valley shall be exalted«, zum Orchester:)
Das klingt ja wie ein Caterpillar beim Autobahnbau. Stellts euch vor, der Fujijama erhebt sich. Nicht der Großglockner, der ist anders.

(Nr. 4, Anfang)
Im Original ist da nur in jedem vierten Takt ein Taktstrich. Das muß man hören.

(Nr. 4, Alteinstieg, »And the glory, the glory of the Lord …«)

Da ist Angst vor irgendwas … eine Wüste, eine frisch betonierte Piste …

(»… shall be revealed«)

… und jetzt haben wir schon die Meldung: das Flugzeug ist gelandet!

(Nr. 4, Ende, »… for the mouth of the Lord hath spoken it.«)

Es muß wirklich fast schrecklich sein: »… und das gibts überhaupt nicht.«

(Nach Erwin Ortner suchend:)

Magnifizenz, sind Sie im Saal zu finden?

(E. O. schlägt vor, daß der Chor sich nach der Nr. 5 setzt.)

Aha, ich dachte, Sie setzen sich erst nach der Nr. 11 …, na ja, der Chor wird auch älter.

(Nr. 6, Ende, zu Anne Sofie von Otter:)

Da stell ich mir vor, daß die Röstung vollkommen ist, in dem »refiner's fire«.

(Nr. 7, Anfang, »And he shall purify the sons of Levi …«, zum Chor:)

Ihr müßts reagieren auf die Arie vorher: Soll ich jetzt unsere Buben dorthin schicken – oder …

(Läßt die Stelle wiederholen)

Nein, das ist mir jetzt zu bürgerlich. Das klingt so: »Wir werden unsere Kinder auch in die Waldorfschule schicken …«

(Nr. 9, »For behold, darkness shall cover the earth …«, zum Orchester und zu Gerald Finley:)

Das Ziel ist überhaupt nicht, zusammen zu sein; das Ziel ist, daß es gut ist, und wenn es gut ist, dann ist es von selbst zusammen.

(Nr. 11, Anfang, »For unto us a Child is born …«)

A child is born. Das kommt ja nicht als Riese mit 50 Kilo zur Welt. Schauen Sie, wenn Sie das so hart singen, das ist dann überhaupt kein angenehmes Kind.

Unto us – nicht irgendwo am Jupiter!

(T. 26 ff. »... and the government shall be upon his shoulder ...«)

Jetzt sind Sie an die Hochspannungsleitung angeschlossen, es muß richtig elektrisch sein. »Abschalten, abschalten, ich halt's nicht mehr aus!!!«

(T. 74 ff., Koloraturen im Alt und Sopran)

Und das sind die Krankenschwestern, die man nicht will ... nicht fett – babyfreundlich!

Bleiben Sie doch in Konfrontation mit dem Leben!

(T. 85, »Wonderful, Counsellor«)

Vorher alles geben, und dann noch mehr. Sie rennen, so schnell Sie können, und dann kommt ein Gepard ... Das ist ja oft so in der Musik, da steht zum Beispiel: so laut wie möglich. Und dann: noch lauter ...

(Nr. 15, T. 26 ff.)

(N. H.:)

Wie auf elektrischen Stühlen!

(E. O.:)

Wir werden welche besorgen.

(N. H.:)

Und ich krieg die Schrauben.

(N. H.:)

Singts nicht so asthmatisch!

(Stimme aus dem Chor:)

Wir sinds.

(N. H.:)

Was? Das finde ich bewundernswert; so wie wenn eine Achtzigjährige das Gretchen so spielt, dass ich glaube, sie ist achtzehn.

(Nr. 19, »Behold the lamb of God«)

Wir müssen das rhythmisch wiegen, so wie wenn ein Rhinozeros schreitet.

(Ungläubige Gesichter)

Glauben Sie mir, wenn ein Tier zwei Tonnen wiegt, das muß rhythmisch schreiten, sonst kommts aus dem Gleichgewicht.

Aus der Verstärkung der unteren Note entsteht die obere, das ist der Sinn von Oktavsprüngen.

(Nr. 22, »… we are healing«)

Das ist jetzt der Wundbalsam.

(Nr. 23, »All we like sheep …«)

Das ist keine Verehrung des Schafs …

Sie lesen das doch nicht vor aus Ihrer Post: »Wir alle, gleichsam wie Schafe« – Sie lesen das nicht, Sie sind das!

(T. 15 ff., »… ev'ry one to his own way«)

In Ihrem Kopf ist Nebel …

(»… we have turned«)

Wir sind alle total versturt, wirklich saublöd!

(T. 76 ff., »and the Lord hath laid on him the iniquities of us all.«)

… der ganze Ballast unserer Trottelhaftigkeit wird dem Messias draufgelegt.

(Nr. 25, Chor, »He trusted in God that he would deliver him, if he delight in him.«)
Das muß nach singenden Zähnen klingen.

Sie haben eine diabolische Freude an der Gemeinheit. Für jeden einzelnen grausamen Ton werden Sie bezahlt. Extra.

(»If he delight …«)
Hohnschleim!

(T. 56 ff.)
Wie wenn die Hieronymus-Bosch-Figuren zu singen anfangen …

(Nr. 30, T. 10 f., »Who is this King of Glory«, zu den Tenören und Bässen:)
So, als hätten Sie die Nebenhöhlen vom Moll. Sie kennen doch die Nebenhöhlen vom Moll??

(T. 19, »Lift up your heads«)
Kein Moll mehr, hier, jetzt is der Hampson dran!

(Nr. 31, »Lift up your heads …«)
Sie müssen das wie einen Choral singen. Das ist eine Umarmung des Weltalls.

(T. 5 ff.)
Es muß irgendwas ganz Tolles auf der Straße liegen, was sonst nie da liegt.
Nicht Schneeräumen.

(Nr. 35a, »Their sound is gone out«)
Windsturm auf out.

(»… and their words unto the end of the world.«)
Riesige Wogen. Stürmisch, aber ohne Härte.

(Nr. 39, »Halleluja«: T. 37, 4, ›The Kingdom of our Lord«)

Da muß eine grün-rot-blau-violette Wolke von dort aufsteigen.

(Nr. 47, T. 31 ff., »Amen«)

Das klingt jetzt wie eine wunderschöne kontrapunktische Wurst. Es muß aber wie Monteverdi klingen.


# Joseph Haydn
Te Deum

(Stimme aus dem Orchester:)

Steht eh da.

(N. H.:)

Steht eh da – das kenn ich von den Symphonikern, immer wenn sie was nicht gmacht haben, haben sie gsagt – steht eh da!

(Zum Chor:)

Ehrfurcht – das ist Zittern vor Angst vor etwas und es gleichzeitig großartig finden.

Es ist nicht rhythmisch, wenn es metrisch ist. Gleichmäßige Noten gibts nur zur Darstellung von Grausamkeit. Und auf der Hochschule, da gibt's das auch.

(»Non confundar«)

Das muß unbedingt ganz schrecklich sein.

(»Cum Sancto spiritu«, zum Chor:)

Nicht hineinschlurfen! Witziger! Freuen Sie sich doch, daß der Heilige Geist über Sie kommt.

Mikroakzente, daß man das Gefühl hat, irgend etwas flattert.

(Zwischenspiel »Et resurrexit«, zum Orchster:)
Das muß so klingen, daß jeder im Chor sofort einen Foxtrott tanzen will.

(»Judicare vivos«)
Nicht so lustig! Das klingt ja, als würden Sie das jeden Tag zum Kaffee machen.

Die Artikulation ist das halbe Leben, merkts euch das.

(Credo)
So wie wenn Sie sagen: Pontius Pilatus, das absolute historische Dreckschwein.

(Auf Helmut Mühles Einwände aus der Technik:)
Schauen Sie, ich bin ja kein Mikrophon.

(»Dona nobis«)
Nicht nachdrücken! Schauen Sie, wenn Ihnen ein Rhinozeros auf die Füße steigt, sagen Sie ja auch nicht a-a.

(Agnus Dei)
Das klingt nicht wie Lämmer, das klingt ja wie abg'stochene Schweindln!

# VIII. Kunst oder nicht

»Es klingt wunderbar, aber wenn man hineinsticht, ist nur leere Luft drinnen. Das ist überhaupt die größte Gefahr beim Musizieren, daß es keinen Inhalt hat.«
Immer geht es Nikolaus Harnoncourt um Inhalt, um Bedeutung; niemals spricht er von Kunst; was dabei herauskommt, ist dennoch und gerade deshalb immer: Kunst.
Ist Musizieren Kunst? Nein, nicht wirklich Kunst. Musizieren gilt als eine der sogenannt nachschaffenden Künste, so eine Art sekundäre Kunst. Nur die Komposition gilt in der Musik als die primäre, die eigentliche Kunst.
Andererseits: Wie kann Kunst eigentlich nachschaffend sein? Kunst ist das Schöpferische schlechthin. Dann wäre nachschaffende Kunst also: nachschöpfende Schöpfung?
Ein Maler malt ein Portrait. Das Portrait ist vom Wesen des Modells durchdrungen, durch dieses bedingt, ohne dieses nicht existenzfähig. Doch ist der Maler deshalb etwa ein Nachschaffender? Nein, denn zugleich ist das Portrait vom Wesen des Malers durchdrungen, durch dieses bedingt, ohne dieses nicht existenzfähig. Das Modell mag eine Schönheit sein: die künstlerische Fähigkeit des Malers entscheidet, ob daraus ein Kunstwerk wird.
Kein Kunstwerk wird je aus dem Nichts geschaffen. In jedem Kunstwerk ist Substanz, die außerhalb des Künstlers liegt. Wer wollte darüber entscheiden, wieviel und vor allem: welche außerhalb des Selbst befindliche Substanz nötig ist, damit ein »primäres« Kunstwerk entstehen kann?
Musizieren als primäre Kunst zu begreifen, fällt schwer. Denn Musik ist etwas jeden Augenblick Vorübergehendes, etwas im eigentlichen Wortsinn Unfaßbares und Unbegreifliches. Wenn wir Musik hören, haben wir nicht das Ergebnis eines schöpferischen Prozesses vor uns; wir erleben vielmehr den schöpferischen Vorgang als solchen, Werden und Sein zugleich. Wesensmäßig jedoch unterscheidet sich der schöpferische Prozeß des Musizierens nicht von dem des Komponierens oder Malens; so wie der Maler das Wesen eines Menschen, wie der Komponist das Wesen eines Gedichts, so drückt der Musiker das Wesen einer Komposition aus, durch sein eigenes Wesen hindurch; verleiht ihr eine neue Gestalt und erfüllt sie, durch die neue Gestalt hindurch, mit einer nie dagewesenen Bedeutung.
Primäre Kunst oder sekundäre – eine müßige Frage.
Es gibt nur: Leere oder Inhalt. Kunst oder Nichtkunst.

## Georg Friedrich Händel
Das Alexander-Fest oder Die Macht der Musik
Ode zu Ehren der heiligen Cäcilia


(Nr. 3, T. 101 ff., »None but the brave deserve the fair«)

Na, heute ist es ja fast umgekehrt …

(Nr. 6, zum Chor:)

Auf keinen Fall hinten sein. Beim Durchdrehen ist man immer vorne.

Ja, wißts ihr überhaupt, was ihr da singt? Der Jupiter hat gerade vorhin in Gestalt eines schlangenförmigen Drachens die Olympia vergewaltigt – und euch ist das sooo wurscht??

(T. 19 f., »A listening crowd …«)

A listening croud: »Mir san mir!« Gut übersetzt.

(T. 25 ff., »… the vaulted roofs rebound«)

Das ist architektonisch. Ihr müßts den Eindruck erwecken, ihr singts im Petersdom.

Und im Nachspiel setzts ihr euch dann ganz verschüchtert nieder.

(Vor der Nr. 9, Bacchus-Szene, gibt Gerald Finley Anweisungen zum Auftreten)

Sie müssen die Hörner beim Gnack nehmen – wie sagt man Gnack auf Englisch? Neck? Nein, ich mein ja nicht Hals!

(T. 45 ff., zum Orchester:)

Könnts ihr da bitte in einen Weinkeller fallen?

(Zu Gerald Finley:)

It should not be too organized. Almost on the edge of vomiting.

(Hornisten:)

Sollen wir draußen warten oder ...

(N. H.:)

Na ja, wenn Sie herumstolzieren wie berühmte Hornisten, dann ja, aber wenn Sie sich wie bescheidene Menschen bewegen ...

(Nr. 10, Rezitativ Tenor, T. 8 f., »... and, while he heaven and earth defyed, changed his hand, and checked his pride«, zur Laute:)

Das muß so sein, daß man sagt: Mein Gott, was man mit einer Laute machen kann ...

(Nr. 12, Sopran-Arie, »He sung Darius, great and good ...«)

Zu laut. Nehmts einfach nicht den Impuls von einem Elefanten, sondern von einer Maus.

(Nr. 14)

Nicht Chorsingen! Inhalt vermitteln!

(T. 25 ff., »And weltring in his blood ...«)

Wie eine Erdäpfelnudel sich in Brösel wälzt, so wälzt er sich im Blut, der Darius.

(T. 38 ff., »... on the bare earth, with not a friend to close his eyes.«)

Wie in den miesesten Spitälern, wo sich niemand schert und alle auf den Gang geschoben werden, zum Sterben.

(Chor irrt sich bei einem Einsatz)

Na kommts, ihr warts früher immer so vif!

(Nr. 17, Arie Tenor, »War, he sung, is toil and trouble, Honour but an empty bubble ...«, zu Michael Schade:)

Er ist hier zum Hedonisten geworden, der Alexander – wie sagt man heute, Wellness, zum Wellness-Apostel. Es ist die Playboy-Hymne, der junge Gunther Sachs ... War! Blödsinn! War! Ihr Trotteln, ich bin schon beim vierten Champagner!

Jede Verzierung muß den Inhalt verstärken, sonst ist es Gurgelakrobatik.

(Nr. 17, Anfang, zum Orchester:)
Auf- und Abstrich klingen ganz gleich, ihr warts zu lange an den Akademien … das klingt ja wie Laubsägen am Muttertag.

(T. 11, »The many rend the skies …«, Choreinsatz ist zu zögerlich)
Da müßts ihr da sein, sonst explodiert der Himmel nicht!

(T. 20 f., »… with loud applause«)
Leiser werden, damit man dann laut werden kann, das klingt spekulativ.

(T. 26, Fugeneinsatz »The many rend the skies …«)
Wißts ihr, was das heißt, »rend«? Den Himmel in Stücke singen.

(T. 120 ff., »… but music won the cause …«, zum Chor:)
Wie Dilettanten, die gerne Musiker geworden wären, so begeistert muß das klingen: Music!

(Nr. 20, Anfang, zu Herbert Tachezi:)
Hast du alles an Füßen drinnen, was geht? Im Instrument, meine ich.

(Zu den Violinen:)
Ihr seids bei der Aufwärtsskala nicht gut zusammen: Die, die laufen, sind richtig. Jedes Achtel schrubben! Wie Salami muß das runterkommen.

(T. 20 ff.)
Kann ich die Bässe ein bißchen verwildern? Ihr seids zu kultiviert, ihr eßts wirklich noch mit Messer und Gabel!

Die kleinen Noten vor dem Ziel sind viel wichtiger als das Ziel.

(T. 39/40, »Rouse him«, zum Chor:)

Ein Crescendo, wie wenn ein Krokodil sein Maul aufreißt.

(Nr. 21, Baß-Arie, T. 20 ff., »… see the snakes that they rear, how they hiss in their hair, and the sparkles that flash in their eyes!«, zu den Violinen:)

Das soll mehr so prasseln als gespielt werden.

(Einleitung zum Largo in der Nr. 21, »Behold, a ghastly band, each a torch in his hand! Those are Grecian ghosts …«, T. 52, zum Orchester:)

Das muß singen! Die ghosts, das sind die toten Sänger, die können alle wunderbar singen.

Nicht die Zielnote betonen, sonst ist das Gespenstische weg.

(T. 56 f., »with a torch in his hand«, zu Gerald Finley:)

When he has a torch, he can have a revolver too.

(Nr. 24, »Thais led the way to light him to his prey«)

Der Alexander hätte ja nie Persepolis angezündet, aber da ist die Thais, und die sagt zu ihm: »Schau, da wäre so ein schönes ›flambeau‹ …«

(Zu Dorothea Röschmann:)

Sie ist mir ein bißchen zu wenig raubvogelartig, die Thais … die hat solche Krallen, wissen Sie.

(Zum Chor, T. 114 ff., »… light him to his prey.«)

Da müssen Sie genußvoll mit Ihren berühmten zwei Vampirzähnen in die prey hineinbeißen.

(Nr. 25, T. 1 ff.)

Da müßts ihr richtig Kontrabaß spielen, auf der Bratsche.

(T. 48 ff., »At last devine Cecilia came«, zum Chor:)

Wegfedern! Das klingt ja wie eine Autohupe!

(T. 71 ff., »Let old Timotheus yield the prize.«)

Da beginnt der Orgelpunkt, das darf dann nicht mehr neckisch sein.

(Nr. 27, Schluß-Adagio, »… she drew an angel down«)

Nicht, daß ihr euch das herausziehen laßts, wie einen alten Kaugummi aus den Zahnlücken.


Robert Schumann
Das Paradies und die Peri


(N. H. sucht eine Stelle in der Partitur, sieht sich nach seiner Frau um, kann sie nicht finden.)

Ich brauch eine Brille!

(H.-P. Blochwitz gibt ihm seine, N. H. beäugt sie von allen Seiten.)

Ist nicht meine, aber sie ist sehr schön.

(Nach einiger Zeit wirft er sie in hohem Bogen von sich:)

Ah, ich hab geglaubt, sie hängt am Bandel …

(Nr. 5. Versucht, das Solisten-Quartett in Peri-Stimmung zu versetzen)

You really get, what you have payed in the travel bureau; you come out of the aeroplane and you find your hotel and you say: »Oh, süßes Land, o Götterpracht …
– touristic beauty!«

(Nr. 6. Chor der Eroberer / Chor der Inder)

Die einen müssen so King-Kongs sein, Urbären, so haarig. Dem Bär hab ich das auch grad gesagt.

(»Es sterbe der Tyrann …«, unterbricht wieder)

Das klingt ja wie ein Agnus Dei! Seien Sie ein echter Chor von 20 King-Kongs! Lullaby of the Giants …

(Nr. 11, Chor der Genien des Nils)

Nicht marschieren! Unter Wasser kann man ja nicht marschieren. Ich weiß nicht, ob Sie das schon einmal probiert haben …

(Nr. 17, T. 32)

Nicht aushalten! Die Halbe steht da nur aus orthographischen Gründen. Eine Viertel und eine Viertel Pause – das sieht furchtbar aus, in der Partitur.

(Nr. 18, Chor der Huris)

Die müssen das Leben im 7. Himmel mit maximaler Freude ausstatten – Freudenmädchen, im höheren Sinn.

(Nr. 18, Chor der Huris, T. 151 ff., »ewige Wonne …«)

Das muß klingen wie – Murmeln in einem Moorbett.

(Nr. 22 »Peri ist's wahr«)

Boshaft muß das sein. Stellts euch vor, die Kollegin macht nicht mehr mit, die ist aus der Gemeinschaft der Freudenmädchen ausgetreten. Und jetzt haben Sie aus ihr eine Blunzn gemacht. Eine fliegende.

(Zum Orchester:)

Gibt's counting problems in diesem Stück?

Henry Purcell
Dido und Aeneas


(»Banish sorrow, banish care«)

Banish! Da müßts ihr die Belinda aufmuntern. Mit drei nnn.

(»The hero loves as well as you.«)

Schmalzig!

(»… to the musical groves and the cool shady fountains«)

Blumen streuen.

(»Go revel ye Cupids, the day is your own.«)

Genußvoll.

(»Ha, ha, ha«)

Denken Sie an Mistkäfer!

(Reprise, »ha, ha, ha«)

Das ist jetzt so ein Lachen, bei dem Sie sich auf die Schenkel klopfen. Obszön fast.

(»In our deep vaulted cell, the charm we'll prepare.«)

Hier haben Sie ein schlechtes Gewissen.

(»Thanks to these lovesome vales«)

Denken Sie an Botticelli.

JOHANN STRAUSS
Der Zigeunerbaron


Das Stück handelt von der Auseinandersetzung zwischen Zigeunern und Nicht-Zigeunern. Es gilt heute als eine Art Kriegsverherrlichung; aber vom Zensor wurde dem Strauß viel herausgestrichen, die Stellen, wo es um Angst geht oder um Versöhnung, zum Beispiel, oder wie man sich vom Militärdienst drückt, »patriotisch bin ich sehr, aber tauglich bin ich nicht ...«

(Nr. 1, Männerchor »Das wär kein rechter Schifferknecht, der sich vor'm Wasser fürchten möcht«)

**Stellen Sie sich vor, Sie rudern! Denken Sie an Donauwellen!**

(Baßeinwürfe »Hollahoh«)

**Ihr seids schwerfällig und erschöpft, mehr sumpfig. So mit einem alpinen Einschlag.**

(Nr. 2, Couplet »Als flotter Geist«, Baßeinwurf T. 59 ff., zu den Chorbässen:)

**Sie sind alle Tölpel.**

(Nr. 3, T. 216 ff., »... ein Drudenfuß, ha, ha, ha!«)

**Sie müssen Angst und Haß ausdrücken, die Ablehnung des Fremden.**

(»Mein idealer Lebenszweck ist Borstenvieh und Schweinespeck«, zu Rudolf Schasching:)

**Da muß man die Grammeln hören!**

(»Wo ihr's packt, da wird's interessant!«, zum Chor:)

**Mehr Schmalz!**

(Nr. 4, »Bum, bum, bum«)

**Richtig ordinär muß das klingen.**

(T. 46 ff., »Ach, der Kanonen Donner kracht …«, zum Chor:)

Nicht zögern! Da sind Sie die Trommeln.

(Nr. 5, T. 38 ff., »Doch Sonnenlicht ist warm und hell, ein schön Gesicht bezaubert schnell«, zu Christiane Oelze und zum Chor:)

Nicht zickig. SYMPATHISCH!

(T. 111 ff., »Der alten Sitte sind wir treu, der Kuchen muß herbei«, zum Chor:)

Sie haben einen Riesenkuchenhunger. Gierig müssen Sie den Kuchen singen.

(T. 149, »… steckt viel Süßigkeit darin. Ah!«, zu den Chordamen:)

Wohlig.

(T. 205)

Auf der Schönheit müssen Sie aufblühen.

(T. 261 ff., »Wenn man sie sieht, das Herz in Lieb erglüht«, zum Chor:)

Ein rhythmisches Anheizen der romantischen Stimmung.

(T. 341 ff., »Er nimmt unsre Huldigung an.«)

Da muß jetzt jeder auf ein Pferd.

(Nr. 10, T. 47 ff., »Ha, das Eisen wird gefüge, Kessel, Sensen, Pflüge, hei!«, zum Chor:)

Sie müssen das ausrufen! Verkaufen! Sie tragen einen Bauchladen vor sich her.

(Nr. 13, T. 196 ff., »Hier die Hand, es muß ja sein, laß dein Liebchen fahren«, zu Wolfgang Holzmair:)

Da müssen Sie unglaublich bedrohlich sein, so unterdrückt aggressiv, ja nicht elegant!

Diese Werbung zum Militär in Ungarn war damals ungeheuer brutal; das Werberlied hat diese punktierten Rhythmen (ungar. Verbunkos), die waren damals in der Musik der Inbegriff der Grausamkeit und Brutalität, wie zum Beispiel auch im Finale der Eroica.

(T. 223, »Hier ist Wein, schenket ein ...«, zum Chor:)
Gehetzt muß das klingen und dämonisch.

(Nr. 17, T. 63 ff., »Lustig oft unverhofft geht es auch im Kriege zu ...«)
Nicht mehr militärisch. Jetzt wird's lustig.

# IX. Primus inter Pares

Der Dirigent betritt kein Podest; wenn er sich vor dem Publikum verneigt, steht er mit seinem Orchester auf einer Stufe; er hält keinen Taktstock in der Hand; und sobald er den ersten Einsatz gegeben hat, verschwindet er, beinahe augenblicklich; er verschwindet in der Musik; und mit ihm verschwinden alle in der Musik: die Solisten, die mitten im Chor stehen, die Chorsänger und die Orchestermusiker.

Jeder ist am schöpferischen Prozeß beteiligt, jeder ist wichtig, jeder ist ernst genommen; wie kaum ein anderer verkörpert Nikolaus Harnoncourt das Prinzip des Ersten unter Gleichen. Primus inter Pares.

Das gilt nicht nur für die Musiker auf der Bühne. Die Haltung schließt ganz selbstverständlich den Zuhörer mit ein. Der Zuhörer ist ernst genommen, ebenbürtig; die Haltung beweist sich in einem verblüffenden Phänomen: auch wenn der Zuhörer sich noch so sehr bemüht, seine Aufmerksamkeit auf den Dirigenten zu konzentrieren – es gelingt ihm einfach nicht; denn jener bleibt hartnäckig in der Musik verschwunden und zwingt so die Aufmerksamkeit, gebündelt, in die Musik hinein, also: in den Zuhörer selbst; Musik entsteht nicht auf der Bühne: der schöpferische Prozeß endet und vollendet sich im Inneren des Zuhörers.

Wieder verschwimmen die Grenzen zwischen primärer und sekundärer Kunst; Zuhören wird zum schöpferischen Vorgang, dem Dichten, Vertonen, Musizieren grundsätzlich ebenbürtig; und der Zuhörer ist wiederum: Künstler oder Nichtkünstler.

Durch sein einzigartiges Erleben des Kunstwerks schafft der zuhörende Künstler das Werk von neuem; in seinem Inneren, durch sein Wesen hindurch, gibt er dem, was der musizierende Künstler auf der Bühne ausdrückt, eine neue Gestalt und erfüllt es mit einer nie dagewesenen Bedeutung. Die Tatsache, daß nur er selbst sein so geschaffenes Kunstwerk erleben kann, daß ihm der schöpferische Vorgang als solcher nicht einmal bewußt wird, ist kein Beweis dafür, daß er nicht existiert.

Musizieren mit Nikolaus Harnoncourt ist – für die Musiker ebenso wie für die Zuhörer und vielleicht auch für ihn selbst – seinem sprichwörtlichen unsichtbaren Krokodil ähnlich, das einem im Urwald über den Weg läuft, Inbegriff des Staunens: Keiner hat es gesehen, aber alle sind von ihm gebissen worden.

# Joseph Haydn
Schöpfungsmesse

(Zum Thema alte Stimmungen:)

Das funktioniert wie ein Wagenheber: die Stimmung wird immer nach oben korrigiert. Und die, die das verteidigen, die sagen, das sei brillant. Aber die haben noch nie eine andere Stimmung gehört. Ich kenne alle Stimmungen. … Wissen Sie, daß der Verdi sich geweigert hat, seine Partitur an Opernhäuser zu geben, die eine höhere Stimmung als 435 gehabt haben?

(Anfang Kyrie I)

Wie ein Sturm gegen eine Behörde, die nein sagt. Sie sagen: Mach was, so mach doch was! Und das Orchester sagt quasi: Nein.

(Anfang Kyrie II)

Das muß sein wie ein schneller infernalischer Walzer! Ein wahnsinniges Fest, bei dem kein einziger Intrigant anwesend ist.

(T. 65)

Kein Ritardando! Wissen Sie doch nicht vorher, daß da eine Fermate kommt!

(T. 73 ff., zum Chor:)

Tanzen sollen Sie da! Aber nicht so, als ob Sie dienstlich abgeordnet wären, zum Tanzen – noch zwei Schilling, und ich mach noch zwei Schritte …

(T. 73, zu Christiane Oelze:)

Reinspringen! In was Sie eben gerne reinspringen wollen; Cumberlandsauce, wenn's nach mir ginge.

(Elisabeth von Magnus:)

Sollen wir -zzzon oder -ssson singen?

(N. H.)

Es gibt viele Arten von Latein, die Römer sind ausgestorben, also singen wir ein gutes Wienerisches Latein: son; zzzon singen nur die Hamburger.

(T. 82 ff., Herbert Lippert und E. v. M. singen beide etwas zu laut.)

Vöcklabruck gegen St. Georgen, oder was?

(T. 114, »Kyrie«)

Das müssen Sie ganz wild singen. Das ist die wildeste Stelle vom ganzen Kyrie.

(Gloria, Anfang. Ein Tenor aus dem Chor singt die Intonation. E. O. kritisiert, daß er zu laut singt.)

Hab ich auch gefunden …

(Zum Sänger:)

… da sagt man normalerweise:

(Spricht ganz hoch und naiv)

»Ich hab eben eine so große Stimme!«

(T. 26 ff., »Et in terra pax«)

Friedensöl.

(T. 30 f.)

Nicht aufquellen auf »bonae«! Das klingt ja, wie wenn man ein Tonband verkehrt laufen läßt.

(Fragt E. O., ob die Balance in Ordnung ist; zum Chor gewandt:)

Ich hab schon solche Angst vor ihm, seit er Rektor ist …

(T. 62 ff.)

Man hört, daß Sie wissen, daß Sie in Gefahr sind zu schleppen …

(T. 71 ff., »Glorificamus te«)

Da machen Sie denselben Fehler wie das Orchester: Sie singen ohne Text … Hört sich an, wie wenn ein Südseeinsulaner ungarisch singt.

(T. 224 ff., »Quoniam«)

Die Übersetzung von Molto vivace heißt: Ja nicht zu schnell!

(»Quoniam tu solus, tu solus sanctus, tu solus Dominus, tu solus Altissimus …«)

Da müssen Sie sich jedesmal eine Stufe steigern. Wie ein alter Wagenheber.

(T. 259)

Das klingt wie ein Brei, der nicht durch die Düse will; wie so eine alte Zahnpasta – ein bißchen verdünnen, bitte!

(T. 307 ff.)

(Solisten:)

War der Anfang zu leise?

(N. H.:)

Nein, ich hab sehr gut gehört, wie Sie geschleppt haben.

(Ebd., zum Orchester:)

Ich hör einen Matrosengesang: Aber hinter der Wolke singen keine Matrosen!

(Credo, Anfang)

Vivace ist bei Haydn eindeutig langsamer als Allegro; es bedeutet nur: lebendig in den kleinen Notenwerten.

(T. 8 ff., »… visibilium omnium …«)

Mein Gott, da läuft einem ein Krokodil über den Weg, in einem Urwald, das ist noch nichts Besonderes … aber dann …

(T. 11 ff., »... et, et invisibilium«)

... aber dann läuft ein UNSICHTBARES Krokodil über den Weg. Da müssen Sie wirklich STAUNEN! Gebissen hat's mich, gesehen hab ich's nicht ...

(T. 51–53, »Descendit de coelis«)

Trunken heruntertorkeln.

(T. 54 ff., Viertelbewegung im Chor:)

Das ist mir zu ordentlich. Da ist ein UFO, mit dem Apollo drauf, in der Wüste von Nevada ... Machts da wirklich eine Sensation.

(T. 60, Orchester-Vorspiel zum Incarnatus)

Gehts da nicht zu früh weg, da kommt ein Jupitermond herunter, das macht ein Riesenwumm – das Wumm muß richtig wummen.

(T. 89 ff., »Sub Pontio Pilato«)

Können Sie den Pontius Pilatus bitte mehr hassen?

(T. 108, Vorschlag auf »coelum« bei »... et ascendit in coelum«, zum Chor-Sopran:)

Können Sie so einen Pavarotti-Schluchzer machen?

(T. 119 ff., »Judicare ...«)

Sind Sie Richter? Werden Sie manchmal eingesperrt? Das muß einen strengen Klang haben. So, als würden Sie sich auskennen ...

(T. 140 ff., Alt-Solo, »Et in Spiritum Sanctum, Dominum, et vivificantem«)

Das klingt so, wie wenn der Heilige Geist ein Nilpferd wäre, der ist aber ein Kolibri!

(T. 179 ff., Fuge, »Et vitam venturi saeculi, Amen«)

Das muß echt lustig sein. Eine irrsinnige Hetz im Jenseits, das ist, was der Haydn damit sagen will.

(T. 187)

Das Amen im Baß, das müßts ihr fast so was wie hineinbellen.

(Ende, T. 222, »amen, amen«)

Das ist kein Ritenuto! Ich nehm nur die zwei Amen auseinander.

(Sanctus, Orchester-Vorspiel)

Das ist rhythmischer Weihrauch.

(T. 6 ff., »Sanctus«, zum Chor:)

Sie müssen das so singen, daß Sie sich selbst nachlauschen …

(Stimme von Martin Sauer aus der TELDEC-Technik.)

Zzzzanctus …

(N. H.:)

… Zzzzanctus liegt am Main.

(M. S.:)

Außerdem waren die ersten und zweiten Geigen nicht tausendprozentig zusammen …

(N. H.:)

… das geht auch nicht.

(T. 9 ff., »Dominus Deus Sabaoth«)

Der Chor läßt sich ziehen wie ein Muli!

(T. 18 ff., »Pleni sunt coeli«)

Singen Sie das, als wären Sie eine wohlklingende Pauke.

(T. 35 ff., »Osanna«)

Das ist die Stelle, wo der Orff alle seine Sachen gestohlen hat.

(T. 73, »pleni«, zum Sopran:)

Es ist ein zu flacher Ton. Eine sehr schöne Autohupe. Der Ton muß ein Innenleben haben! (Ich weiß, einige von Ihnen wissen das eh schon.)

(Benedictus)

Das ganze Benedictus hat etwas magisch Walzerhaftes.

(T. 21 ff., zu Christiane Oelze:)

Singen Sie ein bißchen in Richtung Marlene Dietrich.

(Parallelstelle im Chor, zum Alt:)

Und Sie sind jetzt eine multiplizierte Marlene Dietrich.

(N. H.:)

Schießen Sie eine Rakete, Herr Sauer, wenns nicht gut ist ... Oder es genügt mir auch, wenn auf meinem Telephon hier der 27er blinkt.

(M. S.:)

Da lieber eine Rakete, das geht einfacher.

(»Benedictus qui venit in nomine Domini«)

Der Haydn arbeitet ganz viel mit Schocks.

(T. 34–39)

Schöne Jünglinge kommen mit Wohlgerüchen ...

(T. 40–42)

... und da kommt ein bärtiger, struppiger Mann auf einem Esel, wir sind fast zornig über die Enttäuschung.

(T. 61)

Aber jetzt haben wir das akzeptiert, mit dem struppigen Mann.

(T. 75 ff., zu den Sopranen:)
Es ist zwar wunderschön, wie Sie das singen, aber doch geleiert.

(T. 113 ff., Sechzehntelketten, »Osanna«)
Da müssen Sie was riskieren. Immer am Rand der Katastrophe.

(Agnus Dei, Anfang, zu den Solisten:)
Es muß irgendwie wie mmmm-agnus klingen.
(Elisabeth von Magnus:)
Ja, singen wir magnus, er kann das ja dann herausschneiden.
(Christiane Oelze:)
Sie ist ja eine verkappte Physikerin!

(T. 34 ff., zum Orchester:)
Wenn wir da zu laut spielen, können wir den ganzen Chor kaputtsageln.

(T. 60 ff., »Dona nobis pacem«)
Die Artikulation hier müssen Sie mehr DENKEN als machen.

(T. 84 ff.)
Da wird es lustig. Das heißt jetzt: Danke, so ist es.

(T. 98 ff.)
Aber hier ist dann doch unweigerlich wieder Krieg.

(T. 107 ff.)
Der ganze Chor ist wie ein ganz schwerer Bösendorfer ohne Radln.

(T. 149 ff., Chor unisono)
Das muß klingen wie Lemuren, die wie weiße Maulwürfe singen … wenn Sie sich da bitte informieren könnten …

L̲udwig van B̲eethoven
Kantate auf den Tod Kaiser Josephs II.


(Nr. 1, T. 39, zum Orchester:)

Wenn schon wir die zweite Geige killen, dann erwacht im Chor doch erst recht der Killerinstinkt.

(T. 46)

Da müssen Sie anstreifen wie an eine Hochspannungsleitung!

(T. 88)

Ein Mehlpatzen, der vom Himmel fällt!

(T. 95, E. v. M. findet den Ton nicht, H. L. versucht, ihr zu helfen.)

Ihr suchts den Ton? Dafür gibts Minensuchgeräte. Metalldetektoren.

(Sopran-Arie mit Chor, Choreinsatz)

Slow-Waltz ist das. Wie ein Ministrantinnenchor von Bing Crosby. Im Kino – nicht in der Piaristenkirche.

Sie müssen das Heil dem Publikum eingeben …

# Aufführungen und Aufnahmesitzungen

JOHANN SEBASTIAN BACH
JOHANNES-PASSION

23./24.März 1985 Großer Saal des Wiener Konzerthauses
Jolanta Radek, Marjana Lipovšek, Kurt Equiluz, Josef Protschka, Thomas Hampson, Benjamin Luxon

18./19. März 2000 Großer Musikvereinssaal Wien, 21.–26. März 2000 in Eisenach, Berlin, Helsinki, Krakau, 16. April Luzern
Ruth Ziesak, Marjana Lipovšek, Kurt Azesberger, James Taylor, Matthias Goerne, Anton Scharinger, Robert Holl

Arnold Schoenberg Chor
Concentus musicus Wien


JOHANN SEBASTIAN BACH
MATTHÄUS-PASSION

22.–29. Mai 2000 Universitätskirche Wien (Aufnahmen)
Christoph Prégardien, Matthias Goerne, Dorothea Röschmann, Christine Schäfer, Bernarda Fink, Elisabeth von Magnus, Michael Schade, Markus Schäfer, Dietrich Henschel, Oliver Widmer

Wiener Sängerknaben
Arnold Schoenberg Chor
Concentus musicus Wien

22./23. März 2002 Großer Musikvereinssaal Wien
Christoph Prégardien, Matthias Goerne, Dorothea Röschmann, Christina Maria Kier, Marjana Lipovšek, Elisabeth von Magnus, Kurt Azesberger, Markus Schäfer, Adrian Eröd, Anton Scharinger

Wiener Sängerknaben
Arnold Schoenberg Chor
Wiener Philharmoniker


JOHANN SEBASTIAN BACH
MESSE IN H-MOLL, BWV 232

Angela Maria Blasi, Delores Ziegler, Jolanta Radek, Kurz Equiluz, Robert Holl

Arnold Schoenberg Chor
Concentus musicus Wien

4./5. Juli 2000 im Stefaniensaal in Graz
Barbara Bonney, Elisabeth von Magnus, Marjana Lipovsek, Michael Schade, Anton Scharinger

Arnold Schoenberg Chor
Concentus musicus Wien

JOHANN SEBASTIAN BACH
»AUS DER TIEFEN RUFE ICH, HERR, ZU DIR« BWV 131
»GLEICHWIE DER REGEN UND SCHNEE VOM HIMMEL FÄLLT« BWV 18
JOHANN BEER
MISSA S. MARCELLINI

15. Juli 2000 Pfarrkirche St. Georgen
Ildiko Raimondi, Elisabeth Kullmann, Elisabeth von Magnus, Carolina Astanei, Herbert Lippert, Daniel Johannsen, Anton Scharinger

Arnold Schoenberg Chor
Concentus musicus Wien


LUDWIG VAN BEETHOVEN
MISSA SOLEMNIS

Europatournee 3.–16. September 1998
Konzerthaus Bremen, Auditorium Stravinsky Montreux, Philharmonie Köln, Royal Albert Hall London
Ruth Ziesak, Bernarda Fink, Herbert Lippert, Neal Davies

Arnold Schoenberg Chor
The Chamber Orchestra of Europe


LUDWIG VAN BEETHOVEN
SYMPHONIE NR. 9

7.–14. August 1994 Mozarteum Salzburg
Sylvia McNair, Ann Murray, Thomas Moser, Andreas Schmidt

Arnold Schoenberg Chor
The Chamber Orchestra of Europe

23. November 1996 Carnegie Hall New York
Luba Orgonasova, Birgit Remmert, Endrik Wottrich, Thomas Hampson

Arnold Schoenberg Chor
The Chamber Orchestra of Europe


LUDWIG VAN BEETHOVEN
KANTATE AUF DEN TOD KAISER JOSEFS II., WoO 87

7./8. Juli 2001 Pfarrkirche Stainz
Luba Orgonasova, Elisabeth von Magnus, Herbert Lippert, Anton Scharinger

Arnold Schoenberg Chor
Concentus Musicus Wien

## Georg Friedrich Händel
### Der Messias

14. Dezember 1997 Großer Musikvereinssaal Wien
Christine Schäfer, Anne Sofie von Otter, Anthony Rolfe Johnson, Gerald Finley
Arnold Schoenberg Chor
Concentus musicus Wien

## Georg Friedrich Händel
### Das Alexander-Fest oder Die Macht der Musik

Dezember 2001 Großer Musikvereinssaal Wien, Stiftskirche Melk
Dorothea Röschmann, Michael Schade, Gerald Finley

Arnold Schoenberg Chor
Concentus musicus Wien

## Joseph Haydn
### Die Schöpfung

15./16.Juni 1996 Großer Musikvereinssaal Wien
Sylvia McNair, Anthony Rolfe Johnson, Gerald Finley

Arnold Schoenberg Chor
Concentus musicus Wien

20. Juli 1997 Tonhalle Zürich
Luba Orgonasova, Roberto Saccà, Alfred Muff

Opernorchester Zürich
Arnold Schoenberg Chor

Europa-Tournee 19.– 27. Oktober 2000
Concertgebouw Amsterdam, Palais des Beaux Art Brüssel, Théâtre du Châtelet Paris, Palau de la Música Valencia, Auditorio Nacional de la Música Madrid
Dorothea Röschmann, Kurt Streit, Anthony Michaels-Moore

Arnold Schoenberg Chor
Royal Concertgebouw Orchestra Amsterdam

Joseph Haydn
Schöpfungsmesse, Messe in B-Dur, Hob. XXII:13

20./21. März 1999 Großer Musikvereinssaal Wien, 23. März Ljubljana, 24. März Luzern
Christiane Oelze, Elisabeth von Magnus, Herbert Lippert, Oliver Widmer

Arnold Schoenberg Chor
Concentus musicus Wien


Joseph Haydn
Harmoniemesse
Te Deum für den Fürsten Nikolaus Esterhazy
Kantate »Qual dubbio ornai«

7./8. März 1998 Großer Musikvereinssaal Wien, 1. April Jesuitenkirche Luzern
Natalie Dessay / Eva Mei, Elisabeth von Magnus, Herbert Lippert, Anthony Michaels-Moore / Oliver Widmer

Arnold Schoenberg Chor
Concentus musicus Wien


Joseph Haydn
Heiligmesse, Missa St. Bernardi von Offida, Hob. XXII/10
W. A. Mozart
Regina coeli in B-Dur, KV 127
Litaniae Lauretanae, KV 195

9./10. März 2002 Großer Musikvereinssaal Wien; 24. März Tonhalle Luzern, 25. März Kongresshalle Budapest; 5./6./7. Juli Pfarrkirche Stainz
Malin Hartelius, Christina Maria Kier, Cecilia Bartoli, Elisabeth von Magnus, Herbert Lippert, Anton Scharinger

Arnold Schoenberg Chor
Concentus musicus Wien


Joseph Haydn
Theresienmesse, Messe in B-Dur, Hob. XXII:12

7./8. Juli 2001 Pfarrkirche Stainz
Luba Orgonasova, Elisabeth von Magnus, Herbert Lippert, Anton Scharinger

Arnold Schoenberg Chor
Concentus Musicus Wien

Joseph Haydn
Mariazellermesse, Missa Cellensis in C-Dur, Hob. XXII:8

8./9. Juli 2000 Pfarrkirche Stainz
Barbara Bonney, Elisabeth von Magnus, Herbert Lippert, Oliver Widmer

Arnold Schoenberg Chor
Concentus Musicus Wien


W. A. Mozart
Vesperae solennes de confessore, KV 339

8. Juli 2000 Pfarrkirche Stainz
Barbara Bonney, Elisabeth von Magnus, Herbert Lippert, Oliver Widmer

Choralschola Graz
Arnold Schoenberg Chor
Concentus musicus Wien


Claudio Monteverdi
Vespro della beata virgine

8./9. Juli 1986 Grazer Dom
Margret Marshall, Felicity Palmer, Thomas Hampson, Arthur Korn, Philip Langridge

Choralschola der Wiener Hofburgkapelle
Tölzer Knabenchor
Arnold Schoenberg Chor
Concentus musicus Wien

29. Juli 1993 Salzburger Dom
Sylvia McNair, Elisabeth von Magnus, Anthony Rolfe Johnson, Mark Tucker, Wolfgang Holzmair, Franz-Josef Selig

Choralschola der Wiener Hofburgkapelle
Tölzer Knabenchor
Arnold Schoenberg Chor
Concentus musicus Wien


Franz Schubert
Lazarus D 689
Gesang der Geister über den Wassern D 714

21./22. Juni 1997 Pfarrkirche Stainz
Dorothea Röschmann, Luba Orgonasova, Elisabeth von Magnus, Herbert Lippert, Reinaldo Macias, Raimund Nolte

Arnold Schoenberg Chor
Concentus musicus Wien

## Franz Schubert
## Missa in Es-Dur
## Missa in As-Dur

24./25. Juni 1995 Stefaniensaal Graz
Luba Orgonasova, Birgit Remmert, Deon van der Walt, Wolfgang Holzmair, Anton Scharinger

Arnold Schoenberg Chor
The Chamber Orchestra of Europe

## Robert Schumann
## Das Paradies und die Peri

28./29. Juni 1998 Stefaniensaal Graz, 1. Juli 1998 Tonhalle Zürich
Anrdea Rost, Hans Peter Blochwitz, Malin Hartelius, Malena Ernman, Yvonne Naef, Christian Voigt, Olaf Bär

Arnold Schoenberg Chor
The Chamber Orchestra of Europe

## Felix Mendelssohn-Bartholdy
## Ein Sommernachtstraum

14./15. Juli 1992 Stefaniensaal Graz
Pamela Coburn, Elisabeth von Magnus, Christoph Bantzer

Arnold Schoenberg Chor
The Chamber Orchestra of Europe

## Johann Strauss
## Der Zigeunerbaron

April 1994 Großer Konzerthaussaal Wien
Pamela Coburn, Julia Hamari, Christiane Oelze, Elisabeth von Magnus, Herbert Lippert, Rudolf Schasching, Wolfgang Holzmair, Hans-Jürgen Lazar, Jürgen Flimm, Robert Florianschütz

Arnold Schoenberg Chor
Wiener Symphoniker

# Diskographie

Johann Sebastian Bach
Messe in h-Moll
Angela Maria Blasi, Delores Ziegler, Jadwiga Rappe, Kurt Equiluz, Robert Holl
Arnold Schoenberg Chor
Concentus musicus Wien
TELDEC 8.35716

Johann Sebastian Bach
Johannes-Passion
Angela Maria Blasi, Marjana Lipovšek, Anthony Rolfe Johnson, Robert Holl, Anton Scharinger
Arnold Schoenberg Chor
Concentus musicus Wien
TELDEC 9031-74862-2

Johann Sebastian Bach
Matthäus-Passion
Christoph Prégardien, Matthias Goerne, Christine Schäfer, Dorothea Röschmann, Bernarda Fink, Elisabeth von Magnus, Michael Schade, Markus Schäfer, Dietrich Henschel, Oliver Widmer
Wiener Sängerknaben
Arnold Schoenberg Chor
Concentus musicus Wien
TELDEC 8573-81036-2

Ludwig van Beethoven
Missa Solemnis
Eva Mei, Marjana Lipovšek, Anthony Rolfe Johnson, Robert Holl
The Chamber Orchestra of Europe
Arnold Schoenberg Chor
TELDEC 9031-74884-2

Ludwig van Beethoven
Symphonie Nr. 9
Charlotte Margiono, Birgit Remmert, Rudolf Schasching, Robert Holl
Arnold Schoenberg Chor
The Chamber Orchestra of Europe
TELDEC 2292-46452-2

Joseph Haydn
Harmoniemesse
Te Deum für den Fürsten Nikolaus Esterhazy
Kantate »Qual dubbio ornai«
Eva Mei, Elisabeth von Magnus, Herbert Lippert, Oliver Widmer
Arnold Schoenberg Chor
Concentus musicus Wien
TELDEC 3984-21474-2

Joseph Haydn
Die Schöpfung
Edita Gruberova, Josef Protschka, Robert Holl
Arnold Schoenberg Chor
Wiener Symphoniker
TELDEC 8.35722

Joseph Haydn
Schöpfungsmesse
Christiane Oelze, Elisabeth von Magnus, Herbert Lippert, Gerald Finley
Arnold Schoenberg Chor
Concentus musicus Wien
TELDEC 3984-26094-2

Felix Mendelssohn-Bartholdy
Ein Sommernachtstraum
Pamela Coburn, Elisabeth von Magnus; Christoph Bantzer, Erzähler
Arnold Schoenberg Chor
The Chamber Orchestra of Europe
TELDEC 9031-74882-2

Claudio Monteverdi
Vespro della beata virgine
Margret Marshall, Felicity Palmer, Thomas Hampson, Arthur Korn, Philip Langridge
Choralschola der Wiener Hofburgkapelle
Tölzer Knabenchor
Arnold Schoenberg Chor
Concentus musicus Wien
TELDEC 4509-92629-2

Wolfgang Amadeus Mozart
**Complete Sacred Works**
Concentus musicus Wien
Arnold Schoenberg Chor
TELDEC 3984-21885-2

Henry Purcell
**Dido and Aeneas**
Ann Murray, Rachel Yakar, Trudeliese Schmidt, Elisabeth von Magnus, Helrun Gardow, Anton Scharinger, Paul Esswood, Josef Köstlinger
Arnold Schoenberg Chor
Concentus musicus Wien
TELDEC 4509-93686-2

Henry Purcell
**The Fairy Queen**
Barbara Bonney, Elisabeth von Magnus, Sylvia McNair, Michael Chance, Laurence Dale, Robert Holl, Anthony Michaels-Moore
Arnold Schoenberg Chor
Concentus musicus Wien
TELDEC 4509-97684-2

Franz Schubert
**Magnificat**
**Intende voci**
Christiane Oelze, Elisabeth von Magnus, Herbert Lippert, Gerald Finley
Arnold Schoenberg Chor
Concentus musicus Wien
TELDEC 3984-26094-2

Franz Schubert
**Messe in Es-Dur Nr. 5, D 678**
Luba Orgonasova, Birgit Remmert, Deon van der Walt, Wolfgang Holzmair, Anton Scharinger
Arnold Schoenberg Chor
The Chamber Orchestra of Europe
TELDEC 4509-89422-2

**Franz Schubert**
**Messe in As-Dur Nr. 6, D 950**
Luba Orgonasova, Birgit Remmert, Deon van der Walt, Wolfgang Holzmair, Anton Scharinger
Arnold Schoenberg Chor
The Chamber Orchestra of Europe
TELDEC 063-13163-2

**Johann Strauß**
**Der Zigeunerbaron**
Pamela Coburn, Julia Hamari, Christiane Oelze, Elisabeth von Magnus, Herbert Lippert, Rudolf Schasching, Wolfgang Holzmair, Hans-Jürgen Lazar, Jürgen Flimm, Robert Florianschütz
Arnold Schoenberg Chor
Wiener Symphoniker
TELDEC 4509-94555-2

**Nikolaus Harnoncourt,** geboren 1929 in Berlin, ist einer der wichtigsten und prägendsten Dirigenten der Gegenwart; er begann als Cellist am letzten Pult der Wiener Symphoniker, verweigerte sich Karajans Ruf ans erste, gründete lieber den Concentus Musicus, heiratete die Geigenvirtuosin Alice und begann, die Interpretationsgeschichte der Musik zu revolutionieren; mit Monteverdi fing er an, mittlerweile ist er bei Gershwin und Strawinski angelangt.